阳明学派

阳明心学进阶读本

谢无量／著

新世界出版社

图书在版编目（CIP）数据

阳明学派 / 谢无量著. -- 北京：新世界出版社，2017.1

ISBN 978-7-5104-6078-4

Ⅰ. ①阳… Ⅱ. ①谢… Ⅲ. ①王守仁（1472–1528）—哲学思想—研究 Ⅳ. ①B248.25

中国版本图书馆CIP数据核字（2016）第 310872 号

阳明学派

作　　者：谢无量
责任编辑：丁　鼎
责任校对：宣　慧
责任印制：李一鸣　高　金
出版发行：新世界出版社
社　　址：北京西城区百万庄大街 24 号（100037）
发行部：（010）6899 5968　　（010）6899 8705（传真）
总编室：（010）6899 5424　　（010）6832 6679（传真）
http://www.nwp.cn
http://www.nwp.com.cn
版权部：+8610 6899 6306
版权部电子信箱：nwpcd@sina.com
印　　刷：北京嘉业印刷厂
经　　销：新华书店
开　　本：880mm × 1230mm　1/32
字　　数：120 千字　印张：7
版　　次：2017 年 1 月第 1 版　2017 年 1 月第 1 次印刷
书　　号：ISBN 978-7-5104-6078-4
定　　价：32.00 元

目录
CONTENTS

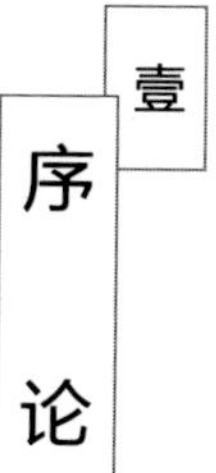

壹 序论

阳明略传

王守仁，字伯安，学者称为“阳明先生”，余姚人也。父华，字德辉，成化辛丑进士，仕至南京吏部尚书。母郑氏，孕十四月而生先生，时成化八年壬辰九月三十日也。先是，祖母岑夫人梦神人自云中至，因命名为云。五岁不能言，有异僧过之曰：“可惜道破。”始改今名焉。自少寓京师，性豪迈不羁。十五岁纵观塞外，经月，慨然有经略四方之志。十七岁亲迎夫人诸氏于洪都，明年将还余姚，过广信，谒娄一斋，讲宋儒格物之学，以为“圣人可学而至”。后以沉思得疾，乃绝意圣贤，随世为词章之学。二十六岁复至京师，又博观兵家秘书，卒自念辞章艺能，不足以通至道。欲求师友于天下，又不可数遇。心持惶惑，郁郁久之，旧疾更作。偶从道士谈养生，思遗世入山。二十八岁，举进士，赐观政工部。当时边虏猖獗，上《边务八事》，言极剀切。授刑部云南清吏司主事，录囚江北。事竣复命，与京中旧游，以才名相驰骋。治诗古文，既而叹曰："吾安能以有限之精神，骛于无用之虚文乎？"遂告病归越，筑室阳明洞中，行导引之术。未几，忽悔悟曰："此簸弄精神，非道也。"亟屏去，欲离世远去。惟祖母与父在念，因循未决。又忽悟曰："此念自孩提生。若去此念，是断灭种性也。"明年遂移疾西湖，不复思用世，深觉释、老二氏之非。三十三岁，主考山东乡试，试录皆出阳明之手，世人始知阳明经世之学。明年至京师，得人益进。于是与湛甘泉定交，共以昌明圣学为任。及阳明殁，甘泉志其墓曰："先生初溺于任侠之习，再溺于骑射之习，三溺于辞章之习，四溺于神仙之习，五溺于佛氏之习。正德丙寅，始归正于圣贤之学。"先是阳明三十五岁，刘瑾矫旨逮南京科道官，阳明上疏救之。诏下狱，廷杖四十，绝而复苏，谪为贵州龙场驿驿丞，时武宗正德元年丙寅也。三十七岁，至龙场，备历艰苦。因见圣人之道，吾性自足，不当专求事物之理。于是有契于"心即理"之说，默记《五经》之言以证之，无不吻合，乃著《五经臆说》。三十八岁，为提学副使席元山，说"知行合一"之旨。明年刘瑾诛，去谪所，知庐陵县，门人渐集。历吏部主事、员外郎、郎中，升南京太仆寺少卿、鸿胪寺卿。阳明年四十五矣，时处闽不靖，兵部尚书王琼，特举以左佥都御史，巡抚南赣。未几遂平漳南、横水、桶冈、大帽、浰头诸寇。虽在征途，不废讲学。宸濠反，阳明方奉敕勘处福建叛军，遂自登城反吉安，起兵讨之。三战俘濠，以功封新建伯，升南京兵部尚书。盖阳明年五十而始揭“致良知”之教，至是而其为学之纲领具矣。五十六岁，奉命征思、田，思、田平。道中有疾，门人周积侍病，问遗言，阳明曰：“此心光明，亦复何言？”顷之而逝，时嘉靖七年戊子十一月二十九日辰时，享年五十有七。

《明儒学案》曰：

> 先生之学，始泛滥于词章，继而遍读考亭之书。循序格物，顾物理吾心，终判为二，无所得人。于是出入于佛、老者久之，及至居夷处困，动心忍性。因念：“圣人处，更有何道？”忽悟格物致知之旨。圣人之道，吾性自足，不假外求，其学凡三变而始得其门。自此之后，尽去枝叶，一意本原。以默坐澄心为学的，有未发之中，始能有发而中节之和，视听言动，大率以收敛为主，发散是不

得已。江右以后，专提“致良知”三字。默不假坐，心不待澄，不习不虑，出之自有天则。盖良知即是未发之中，此知之前，更无未发；良知即是中节之和，此知之后，更无已发。此知自能收敛，不须更主于收敛；此知能发散，不须更期于发散。收敛者感之体，静而动也；发散者寂之用，动而静也。知之真切笃实处即是行，行之明觉精察处即是知，无有二也。居越以后，所操益熟，所得益化。时时知是知非，时时无是无非。开口即得本心，更无假借凑泊，如赤日当空而万象毕照。是学成之后，又有此三变也。

阳明所著有《诗文集》《五经臆说》《古本大学旁释》《朱子晚年定论》及其门人所记之《传习录》等。

阳明与陆象山之关系

学者皆以“陆王”并称，盖自宋以来之理学，程、朱为一派，陆、王为一派。阳明之学，实出于象山，而益扩充之。读象山之书，可以知阳明学之渊源；读阳明之书，可以知象山学之发展。故陆、王二家之关系，最为密切。今先述阳明博观众学，而率以象山为归者于此。以后凡述阳明学说，皆兼附论象山平日之旨趣焉。

欲知阳明与象山之关系，必先考阳明平时直接所师承讲论之人，既乃明归依一宗，而致其推崇之意者。案：阳明于宪宗十八年，年十一岁，始至京师。《年谱》曰：“以明年就塾师，然又在家与其叔父共学。”正德丙子，阳明《送德声叔父归余姚诗序》曰：“守仁与德声叔父，共学于家君龙山先生。故诗中有‘犹记垂髫共学年，于今鬓发两苍然’之句。”

（《全书》卷二十）是阳明幼年侨居京师，自就塾师外，在家庭之中，又别有所学也。

弘治元年，阳明十七岁，已慕神仙之道。《年谱》记之曰："是年亲迎夫人诸氏。合卺之日，偶闲行入铁柱宫，遇道士趺坐一榻，即而叩之。因闻养生之说，遂相与对坐忘归。盖先生是时已好道矣。"

次年见娄一斋，又契心于儒业。《年谱》曰："弘治二年，谒娄一斋谈，语宋儒格物之学。谓圣人必可学而至，遂深契之。"按一斋为吴康斋入室弟子。康斋治程朱之学。阳明既契康斋，遂为宋儒格物之学，自此始矣。《年谱》于"弘治五年，阳明二十一岁"记其事曰："是岁为宋儒格物之学，先生始侍龙山公于京师，遍求考亭遗书读之。一日思先儒谓众物必有表里精粗，一草一木，皆涵至理。宦署中多竹，即取竹格之，沉思其理不得，遂遇疾。先生自委圣贤有分，乃随世就辞章之学。"然阳明年三十六，"谪居龙场途次，尚再访一斋"云。

又《答储柴墟书》曰："往时仆与王寅之、刘景素，同游大学。"是阳明在京师尝游大学，其详不可考矣。

当是之时，阳明之于学，或探诸佛老，或求诸宋学，或志于文辞，或讲论经世，殆无有定向。故《年谱》于"弘治十一年，阳明二十七岁”记之曰：“是岁先生谈养生。先生自念辞章艺能，不足以通至道，求师友于天下，又不数遇，心持惶惑。一日读晦翁《上宋光宗疏》，有曰：‘居敬持志，为读书之本；循序致精，为读书之法。’乃悔前日探讨未博，而未尝循序以致精，宜无所得。又循其序，思得渐渍洽浃。然物理吾心，终若判而为二也。沉郁既久，旧疾复作。益委圣贤有分，偶闻道士谈养生，遂有遗世入山之意。”

至阳明三十一以后，乃愈悟仙、释二氏之非，以圣学为己任。《年谱》“弘治十五年，阳明三十一岁”记之曰：“是岁先生渐悟仙、释二氏之非。先是，五月复命，京中旧游俱以才名相驰骋，学古诗文。先生叹曰：‘吾焉能以有限精神，为无用之虚文也？’遂告病归越，筑室阳明洞中，行导引术。久之悟曰：‘簸弄精神，非道也。’又屏去。已而静久，思离世远去，惟祖母岑与龙山公在念，因循未决。久之，又忽悟曰：‘此念生孩提，此念可去，是断灭种性矣。’”盖自是阳明始断然弃仙、释二氏，不复再溺于中，后且极诋二氏。然后人或疑陆、王之学有杂于禅，岂其渐渍既久，犹间有所取而不自觉耶？要之阳明专意圣学，在三十四岁（弘治十八年）与湛甘泉定交之时。《年谱》曰：“学者溺于词章记诵，不复知有身心之学。先生首倡言之：‘使人先立必为圣人之志。’

闻者渐觉兴起。有愿执贽及门者，至是专志授徒讲学。然师友之道久废，咸目以为立异好名。惟甘泉先生若水，时为翰林庶吉士，一见定交，共以倡明圣学为事。”按湛甘泉为陈白沙门人，自此以后二十余年，为阳明之讲友。二人性质及学说，非无差异，然能矫当时之弊，以振兴理学为志，是则所同也。

又阳明《赠阳伯诗》曰:“阳伯即伯阳，伯阳竟安在?大道即人心，万古未尝改。长生在求仁，金丹非外待。缪矣三十年，于今吾始悔。”(《全书》卷十九)又正德九年，阳明年四十三，门人萧惠好儒释。尝警之曰:“吾亦自幼笃志二氏。自谓既有所得，谓儒者为不足学。其后居夷三载，思得圣人之学，若是其简易广大，始自悔错用了三十年气力。”(《全书》卷一)此语为悟仙释之非以后九年所发，盖湛甘泉为阳明墓志，称其“正德丙寅，始归正于圣贤之学”。其“丙寅”即正德元年，阳明方三十五岁也。

以上述阳明早年、中年思想之变迁，乃其平日与师友讲贯而致力圣学之大略。今且述阳明与象山之关系于后。

阳明去陆象山殆四百年。象山之学，罕为当时学者所道，阳明独起而推尊之。盖明初以来，程、朱学派盛行。阳明不顾世人诽谤，昌言陆学。正德六年，阳明年四十矣，尝与门人等比论朱晦庵与陆象山之学曰："今晦庵之学，天下之人，童而习之。既以入人之深，有不容于辩论者。而独惟象山之学，则以其尝与晦庵之有言而遂藩篱之，使若由赐之殊科焉则可矣，而遂摈放废斥，若碔砆之与美玉，则岂不过甚矣乎？故仆尝欲冒天下之讥，以为象山一暴其说，虽以此得罪无恨。晦庵之学，既已章明于天下，而象山犹蒙无实之诬，于今且四百年，莫有为之一洗者。"此可见阳明将尊陆学以与朱学抗之微旨矣。

正德十五年，阳明四十九岁，又刻《象山文集》，其序有曰：

> 自是而后，有象山陆氏，虽其纯粹和平，若不逮于二氏（周、程），而简易直截，真有以接孟子之传。其议论开辟，时有异者，乃其气质意见之殊。而要其学之必求诸心，则一而已。故吾尝断以陆氏之学，孟子之学也，而世之议者，以其尝与晦翁之有同异，而迷诋以禅。（《全书》卷七）

盖陆子之学，简易直截，以明心为主眼，故论者往往诋其类禅。阳明序《象山集》，乃辨陆学与禅之异，而深慨世人之雷同附和而不考也。其于学说上之回护象山者如此。《年谱》于“正德十六年，阳明五十岁”下记曰：

> 先生以象山得孔、孟正传，其学术久抑而未彰。文庙尚缺配享之典，子孙未沾褒崇之泽。牌行抚州府金溪县官吏，将陆氏嫡派子孙，仿各处圣贤子孙事例，免其差役。有俊秀子弟，具名提学道，送学肄业。

此又为阳明表章象山学之余事矣。

阳明推崇象山，断之为孟子之学。盖北宋理学，程明道与程伊川，皆受学周茂叔。而明道之学，主于直觉；伊川之学，主于经验。故象山亟称明道，而朱子称伊川。象山尝评二程曰：“二程见茂叔后，吟风弄月而归，有吾与点也之意。后来明道此意却存，伊川已失此意。”（《象山全集》卷三十四）又曰：“元晦似伊川，钦夫似明道。伊川蔽锢深，明道却疏通。”（《象山全集》卷三十四）然则象山之于二程，有独重明道之意，阳明承之。故称明道处多，称伊川处极少。亦犹朱子数称伊川，而罕称明道也。朱子取伊川《颜子所好何学论》之意，阳明取明道《识仁篇》之意。伊川为朱子所宗，明道为“陆王”所宗。阳明论“知行合一”，虽偶有类于伊川，然阳明书中，固希有赞述伊川之说者，惟时时美明道耳。明道已屡称良知、良能。如曰：“良知、良能，皆无所由，乃出于天，不系于人。”（《二程全书》卷三十）又曰：“学在知其所有，又在养其所有。”（《二程全书》卷三十）明道亦以“简易直截”为为学之工夫。然则阳明之学出于象山，而又与象山同服膺明道之绪论也。

阳明少时自学于塾师外，则禀龙山公过庭之训。又尝游大学，谒娄一斋，出入于释老。及与湛甘泉友善，而后归正圣学，及潜心于陆象山之传，而后其学大成也。

贰

阳明之哲学

宇宙观

陆王皆重实践伦理，而于宇宙问题，罕加考索。然就学说而推之，则似主张一元论。陆子虽不信周子之《太极图说》，其与朱子辨无极，亦以太极为万化根本。至平日讲论，则以万事统于一心，一心统于一理。故谓:“充塞宇宙皆理也。”盖以理之一元，为宇宙生成变化之本。其言曰:“万物森然于方寸之间，满心而发，充塞宇宙，无非此理。”(《象山全集》卷三十四)又曰:“此理在宇宙间，未尝有所隐遁。天地之所以为天地者，顺此理而无私焉耳！人与天地并立而为三极，安得自私而不顺此理哉？”(《象山全集》卷十一)盖以宇宙间只有一理，为天、地、人乃至万事万物所共由而不能逃。然于理与宇宙之缘起，未能明言。且既以心同理同，又同时而有蒙蔽移夺之患，则理外仍不能无欲。必如伊川、晦庵分别天地之性与气质之性，而后欲有所附，蒙蔽移夺之事乃得而生也。故象山之“理一元论”，仍不得不离为“理气二元论”。要所以解释宇宙者，其根据固未确立矣。阳明乃由象山之说，进而为“理气合一论”。曰:“理者气之条理，气者理之运用。无条理则不能运用，无运用即亦无见其所谓条理者矣。”(《传习录》)此盖合理气为一，以免陆子所蹈之弊。又于评周子之《太极图说》发之曰:

> 周子“静极而动”之说，苟不善观，亦未免有病。盖其说从“太极动而生阳，静而生阴”说来，太极生生之理，妙用无息而常体不易。太极之生生，即阴阳之生生。就其生生之中，指其妙用无息者而谓之动，谓之阳，之生，非谓动而后生阳也；就其生生之中，指其常体不易者而谓之静，谓之阴，谓之生，非谓静而后生阴也。若果静而后生阴，动而后生阳，则是阴阳动静，截然各自为一物矣。阴阳一气也，一气屈伸而为阴阳；动静一理也，一理隐显而为动静。(《传习录》)

据此则阳明以一气为宇宙之本源，而理必然具于其中。

虽言理气二者，然相待为用而不可离。以视朱子之“理气二元论”，固不得不谓之“理气合一论”也。

阳明本于理气合一之旨，以立其宇宙观。盖尝推之于万物曰：“风雨露雷，日月星辰，禽兽草木，山川土石，与人原只一体。故五谷禽兽之类，皆可以养人；药石之类，皆可以疗疾。只为同此一气，故能相通耳。”（《全书》卷三）据此则阳明所谓一气者，通物质而言，即天地万物一体之意也。然此外言理者多，言气者少。所谓理者，大之为充塞宇宙之自然律，小之即为一身之道德律，故往往因心之良知而说及宇宙。其言曰：“良知是造化的精灵。这些精灵，生天生地，成鬼成帝，皆从此出，真是与物无对。”（《全书》卷三）又朱本思问：“人有虚灵，方有良知。若草木瓦石之类，亦有良知否？”先生曰：“人的良知，就是草木瓦石的良知。若草木瓦石无人的良知，不可以为草木瓦石矣！岂惟草木瓦石为然？天地无人的良知，亦不可为天地矣！”（《全书》卷三）此则又推本于象山之说者矣。

象山幼时以解释“宇宙”二字，大有所悟，遂渐立“心即理”说之基。盖以理为宇宙之原则，前既已论之矣。理非假他求，即在吾人之本心。故谓：“宇宙即吾心，吾心即宇宙。”而此本心，阳明便谓之良知。故曰：“良知即天理也。”

象山以理充塞宇宙，为天地鬼神万物所必由，阳明以良知为草木瓦石所同具，其揆一也。子思立一“诚”字为宇宙之本，又为伦理之本。然理也，良知也，诚也。但随所指而立名，其实义非大异也。阳明亦曰：“天地之道，诚焉而已耳。”（《全书》卷二十四）又曰：“天惟诚也故常清，地惟诚也故常宁，日月惟诚也故常明。”（《全书》卷二十四）“诚”即天理，即良知，即充塞宇宙之理。皆秩然有常，统贯万汇，而不可乱者也。陆王论宇宙必达之于伦理，论伦理必溯源于宇宙，盖本于儒家自来“天人合一”之说。而阳明又兼综程、朱之论“理气二元”，与陆子所论“理之一元”，更明其条理运用，以自立其宇宙观焉。

人生观

哲学者之人生观，大别之有二种，一厌世主义，一乐天主义是也。厌世者之观于人生也，以为人生苦痛之数，常胜于快乐之数；人性本恶，而与罪恶俱生，故世界与人生皆在可厌之列，而有不足希其存者，此厌世主义之本旨也。于是仅恶夫目前社会之浊乱者，或亦称“厌世主义”。盖推其一时厌弃社会之念，则终有厌弃世界及人生者矣。乐天者之观于人生则不然。以为世界者，造物者所造也，实一至上之域，不当复有所慊然。此万有神教及万有理性教之所持也。于是但徇一身之娱乐，亦有附于乐天主义者矣。“厌世者”之说，又有稍变以人生虽不免灾害邪恶，而其全体，则可日月进于善者；“乐天者”之说，又有以人生当自然无为，而复反于太古之淳朴为善者。要其大别，二宗而已。儒教本与乐天主义相近，故每以天道为满足。虽终身坎壈不遇，犹不忘利人及物之意。盖征诸天理，而深信社会之可得而善，及利人及物之事之可得而行，是以不怀独善自守之念也。

陆王之意，既略同于儒家之乐天主义矣，故以人生但当随圣人之教，全人之道，尽人之性，以参天地而立极，是人生之本领也。象山之言曰：

> 大哉圣人之道！洋洋乎发育万物，峻极于天。优优大哉！天之所以为天者，是道也。故曰"唯天为大"。天降衷于人，人受中以生，是道固在人矣。孟子曰："从其大体，从此者也。"又曰："养其大体，养此者也。"又曰："养而无害，无害乎此者也。"又曰："先立乎其大者，立乎此者也。"居之谓之广居，立之谓之正位，行之谓之大道。非居广居，立正位，行大道，则何以为大丈夫？（《象山全集》卷十三）

又曰：

> 人生天地间，为人自当尽人道。学者所以为

学，学为人而已，非有为也。(《象山全集》卷三十五)

然则人生之正鹄，即在自尽其人道。自尽其人道，即尽其天所以与我之性也。惟圣人之道，为峻极于天。故学者当以圣人为志，至于所以尽此人道者。又特取于《中庸》之言诚，以为唯一之德焉。故曰:“成己成物，一出于诚。彼其所以成己者，乃其所以成物者也，非于成己之外复有所谓成物也。”又曰:“彼其所谓诚者，乃其所以为德者也，非于诚之外复有所谓德也。”又曰:“闲邪存其诚，诚之存诸己者也。德博而化，德之及乎物者也。彼其所以闲而存者，乃其所以博而化者也。外乎诚之存，而求其所谓德之博则惑矣。”又曰:“至矣哉！诚之在天下也。一言之细，一行之微，固常人之所忽。然言出乎身加乎民，行发乎迩见乎远，言行，君子之所以动天地也。君子喘言蠕动皆足法，造次颠沛必于是。庸言之信，而莫不可以为天下则；庸行之谨，而莫不可以为天下法。知至乎吾之诚，而不知夫言行之细也。”(《象山全集》卷二十九)由斯以谈，则能尽人之道者，惟在诚其身心而已。象山之人生观，以达于圣境，合乎天德，为人生之正鹄。故不以此世界为污浊而别求清静之世界也，不以此躯体为可厌而别求神灵之躯体也，非徇一己好恶之私而有所贪慕弃取于其间也。亦尽人人所当尽之人道，是为人生之定义。此超然而确实之人生观，固有非世俗所谓乐天主义所能尽者矣。

阳明承象山之学，益以至诚为维持天地之道，而人生之所不可不勉者。其言曰：

> 夫天地之道，诚焉而已耳；圣人之学，诚焉而已耳。诚故不息，故久，故征，故悠远，故博厚。是故天惟诚也故常清，地惟诚也故常宁，日月惟诚也故常明。（《全书》卷二十四）

又论《中庸》之言诚曰：

> 诚之无所为也，诚之不容已也，诚之不可掩也。君子之学，亦何以异于是？是故以事其亲，则诚孝尔矣；以事其兄，则诚悌尔矣；以事其君，则诚忠尔矣；以交其友，则诚信尔矣。是故蕴之为德行矣，措之为事业矣，发之为文章矣。是故言而民莫不信矣，行而民莫不悦矣，动而民莫不化

矣。是何也？一诚之所发，而非可以声音笑貌幸而致之也。故曰“诚者天之道也，思诚者人之道也”。（《全书》卷二十四）

阳明既以天道、地道为诚，卒又以人道亦惟诚。诚也者，真天地人一贯之道与？

抑人不可不诚，而诚为天然自具之德性。盖人为天所生，天之道即诚是也。何谓诚？真实无妄之谓诚。天以诚生人，人固宜全受此诚而无失。诚为宇宙之本体，万物由此本体而出，人心能合于诚之本体者斯可矣。阳明之人生观，虽略同于象山，而其论诚尤切至，皆本于子思。盖以诚为宇宙之原则，又为伦理之原则。诚者宇宙之真相，不容一毫诈伪存于其间。故人之百行，亦不容有一毫诈伪，所以法天也。阳明之宇宙观及人生观，一切以诚统之。诚既为世界之根本，吾人自当爱诚。尽力于诚，即当爱世界。尽力于世界，岂有厌弃之之理乎？然则惟能明诚者，乃真正之乐天主义。其漫然托于厌世，而自觉其悲哀痛苦者，是未闻诚之义，非狂则愚，儒者之所不取也。

《大学》之书，所以示格致、诚正、修齐、治平之道。凡政治道德之说，无所不具。而阳明序《古本大学》曰：

“《大学》之要，诚意而已矣；诚意之功，格物而已矣；诚意之极，止至善而已矣。”（《全书》卷七）然则大学之道，亦不外于诚。即所谓致良知，亦以全诚之道而已。良知，即诚也。故阳明之教，在致良知，立诚，以全人道，以合天地之德，是为最终之正鹄。圣人者，至诚之人也；神者，想象中之至诚之灵物也。天人合一，则天人之诚，融合无间。众德之根柢，在吾心中，真神亦在吾心中。言乎神之在天者，是吾心内真神之影像也。影像愈远，则感之愈严、愈贵。仰其影像，而退察乎吾心。圣人不求于远，唯求之于吾心，明吾心之良知斯已矣。所谓乐土，不在于他，而在于吾心也；所谓至善，不在于他，而在于吾心也。一切之善，皆具我心，故孟子曰“万物皆备于我”矣。阳明龙场大悟，乃曰：“圣人之道，吾性自足。向之求理于事物者，误也。夫然，则至诚即真我，即世界中最伟之神圣，欲知人生之价值，不可不先知真我。”此真至正确切当之人生观也。

天地万物一体观

或者谓儒家自世间差别相上立教，而无差别平等之万物一体观，若与儒教不相容。然深观儒教之全体，则实立于差别与无差别之间。而或者之言，固有所未尽也。盖知差别相以言万物一体，则不至流于墨氏之兼爱主义；知万物一体以言差别，则不至流于杨氏之利己主义。不流于兼爱，不流于利己，此即儒教不朽之价值也。今请言阳明之万物一体观，而兼论其与差别相之关系于后。

象山以一理贯彻宇宙，已有天地万物一体之意。然此义自古有之，非陆、王所创。不惟儒教如此，即《庄子》亦谓："天地与我并生，而万物与我为一。"（《齐物论》）则此博大之思想，其相传久矣。但儒家言之，尤有分利，皆原于大《易》，复自"仁之用"及"人性之本"推之。《庄子·天下》篇又曰:“泛爱万物，天地一体也。”此专是博爱，当时诡辩家惠施之徒所立，宜与儒家“天地万物一体”之说有别者也。《书·泰誓》曰:“惟天地万物父母，惟人万物之灵。”(《泰誓》是拟古文。然此语当是自古相传之语。)《礼运》曰:“人者天地之心也。”又曰:“人者天地之德也。”盖古代伦理，不离“天人合一”之旨。孔子、子思、孟、荀诸子，大抵同符。至于董仲舒，益明天人感应，而天地万物一体之念，滋深切矣。及夫宋世濂溪、康节、明道诸子，所言加详，今不能备举也。

周濂溪《太极图说》曰:

> 无极而太极。太极动而生阳，动极而静；静而生阴，静极复动。一动一静，互为其根；分阴分阳，两仪立焉。阳变阴合，而生水、火、木、金、土。五气顺布，四时行焉。五行一阴阳也，阴阳一太极也。五行之生也，各一其性。无极之真，二五之精，妙合而凝；乾道成男，坤道成女，二气交感，化生万物，万物生生而变化无穷焉。

周子以太极生阴阳，阴阳生五行，是万物之生同原。此由物质方面以立天地万物一体观者也。

张横渠《西铭》曰:“乾称父，坤称母。予兹藐焉，乃混然中处。天地之塞吾其体，天地之帅吾其性。民吾同胞，物吾与也。大君者吾父母宗子，其大臣宗子之家相也。”《西铭》之意，以天地万物，本于一理。故由大公无我之仁，以示民胞物与之概。此自唯心方面以立天地万物一体观者也。惟仁者至公至明，而无一毫私欲之杂，乃能以天下为一家，中国为一人。儒教伦理之极致，不外乎此。至程明道始明揭之曰:“仁者以天地万物为一体。”(《二程全书》卷二)又益申其意于《识仁篇》及《定性书》中。象山、阳明皆承明道之绪而兴起，是以其天地万物一体之观，有相符者焉。伊川、晦庵，则自其差别者言之，谓“万物所具之理无不同，而禀受之气有不同”，遂有理一分殊之说，与陆王异矣。

象山之言“天地万物一体”也，不如阳明之详。故程明道以后，能持“天地万物一体”之说者，当推阳明。阳明之学，以致良知为主，而罕论物质。其“天地万物一体”之说，亦自“仁心之广量”言之，然实精密无比。尝曰:“夫人者天地之心。天地万物，本吾一体者也。”(《全书》卷二)又曰:“仁人之心，以天地万物为一体，䜣合和畅，原无间隔。”(《全书》卷五)此犹就《礼运》及明道之言而推演之，至《<大学>问》而其说益深切著明，曰：

> 大人者，以天地万物为一体者也。其视天下犹一家，中国犹一人焉。若夫间形骸而分尔我者，小人矣！大人之能以天地万物为一体也，非意之也。其心之仁本若是，其与天地万物而为一也。岂惟大人，虽小人之心，亦莫不然，彼顾自小之耳。是故见孺子之入井，而必有怵惕、恻隐之心焉，是其仁之与孺子而为一体也。孺子犹同类者也。见鸟兽之哀鸣觳觫而必有不忍之心焉，是其仁之与鸟兽而为一体也，鸟兽犹有知觉者也；见草木之摧折而必有悯恤之心焉，是其仁之与草木而为一体也，草木犹有生意者也；见瓦石之毁坏而必有顾惜之心焉，是其仁之与瓦石而为一体也。是其一体之仁也，虽小人之心，亦必有之。是乃根于天命之性，而自然灵昭不昧者也。是故谓之“明德”。(《全书》卷二十六)

此即以仁心为本，而其仁与孺子、鸟兽、草木为一体者也。

夫然，则天地万物一体之心，固人人所同具。人何故安于为小人，而不知去其私哉？阳明乃言曰：

> 夫圣人之心，以天地万物为一体。其视天下之人，无外内远近。凡有血气，皆其昆弟、赤子之亲。莫不欲安全而教养之，以遂其万物一体之念。天下之人心，其始亦非有异于圣人也。特其间于有我之私，隔于物欲之蔽。大者以小，通者以塞，人各有心。至有视其父子、兄弟仇仇者，圣人有忧之。是以推其天地万物一体之仁，以教天下，使之皆有以克其私、去其蔽，以复其心体之同然。（《全书》卷二）

此则有近于其“致良知”之说矣。人惟其心清明，乃能完其万物一体之仁。故曰：“其精神流贯，志气通达，而无有乎人己之分，物我之间。”（《全书》卷二）又直揭“致良知”之义以申之曰：“世之君子惟务致其良知，则自能公是非，同好恶，视人犹己，视国犹家，而以天地万物为一体。求天下无治，不可得矣。”（《全书》卷二）于是以圣人之所以为圣人者，惟在善推此万物一体之仁。

尝答聂文蔚论孔子曰：

当时之不信夫子者，岂特十之二三而已乎？然而夫子汲汲皇皇，若求亡子于道路，而不暇于暖席者，宁以蕲人之知我、信我而已哉！盖其天地万物一体之仁，疾痛迫切，虽欲已之而自有所不容已。故其言曰："吾非斯人之徒与而谁与"云云。呜呼，此非诚以天地万物为一体者，孰能以知夫子之心乎？（《全书》卷二）

又曰：

仁者以天地万物为一体，莫非己也。故曰"己欲立而立人，己欲达而达人"。古之人所以能见人之善若己有之，见人之不善，则恻然若己推而纳诸沟中者，亦仁而已矣。（《全书》卷八）

盖兼以万物一体之念，为政治道德之根源也。

然阳明非仅由心之方面，以见万物一体，并由物之方面以明之。故言曰：

盖天地万物，与人原只一体。其发窍之最精处，是人心一点灵明。风雨露雷，日月星辰，禽兽草木，山川土石，与人原只一体。故五谷禽兽之类，皆可以养人；药石之类，皆可以疗疾。只为同此一气，故能相通耳。（《全书》卷三）

或疑禽兽草木与人异类，何亦谓之同体？则应之曰："你只在感应之几上看，岂但禽兽草木，虽天地上与我同体的，鬼神也与我同体的。"（《全书》卷三）盖以心之灵明，可通于天地鬼神。然心之灵明，即良知是也。故唯"致良知"乃能充其天地万物，一体之观矣。

以上所论，皆无差别之万物一体观也，今更就其差别者考之。阳明尝论《大学》之所谓"厚薄"曰：

惟是道理自有厚薄。比如身是一体，把手足捍头目，岂是偏要薄手足？其道理合如是。禽兽与草木同是爱的，把草木去养禽兽又忍得；人与禽兽同是爱的，宰禽兽以养亲与供祭祀、宴宾客，心又忍得；至亲与路人同是爱的，如箪食豆浆，得则生，不得则死，不能两全，宁救至亲，不救路人，心又

> 忍得。这是道理，合该如此。及至吾身与至亲更不得分别彼此厚薄，盖以仁民爱物，皆从此出。此处可忍，更无所不忍矣。《大学》所谓“厚薄”，是良知上自然的条理，不可逾越，此便谓之“义”；顺这个条理，便谓之“礼”；知这个条理，便谓之“智”；始终是这理，便谓之“信”。(《全书》卷三)

此以亲疏、厚薄之区别，为良知上自然之条理。由良知演绎义礼智信，示差别之常道，盖自良知相对之差别界言之也。其以天地万物，皆依良知而立者，是就良知之绝对无差别界言之也。故用仁义礼智信联称者，为差别狭义之仁。谓:“仁者以天地万物为一体者，为无差别广义之仁。”然在无差别界，不得忘差别相；在差别界，不得忘无差别之妙理。如是乃为儒教之极致也。

叁

阳明之伦理学

性说

性善恶论，为中国伦理学史上之一大问题。古来圣贤，以至诸子百家，无不论性者。若详举之，则更仆难终。今仅就陆王一派之性说，比较研究之。

象山固主绝对之性善论，而其议论不多见，仅可由平日论学宗旨，推知之而已。惟阳明书中，关涉人性者，不一而足。或评古今性说，或演绎先哲之语，或自述论性之旨。言语既繁，学者每滋异解。有谓“阳明近于告子‘性无善无不善’说”者，有谓“近于佛氏‘不思善不思恶’之说”者，有谓“近于苏东坡、胡五峰之说”者，有谓“近于扬雄、司马光‘性善恶混’之说”者。故世于阳明论性，其无定评如此。辄就所谓相近之数子而考之于后。

东坡论性，实近于告子之“性无善无不善”。朱晦庵亦评告子性说曰："近世苏东坡、胡文定公之说皆如此。"（《孟子集注》）五峰继胡氏家学，所言亦略同。惟扬雄及司马光之论性，则与此微异。盖雄、光皆以性中具有善恶二元素，而东坡则谓性中不能以有善恶也。《东坡集·扬雄论》曰：

> 夫善恶者，性之所能之，而非性之所能有也。且夫言性者，安以其善恶哉？虽然，扬雄之论，则固已近之。曰："人之性善恶混。修其善则为善人，修其恶则为恶人。"此其所以异者，唯其不知性之不能以有夫善恶，而以为善恶之皆出乎性也。

于是东坡又自下善恶之定义曰：

> 夫太古之初，本非有善恶之论。唯天下之所同安者，圣人指以为善。而一人之所独乐者，则名以为恶。

征以上诸语，可见扬雄与东坡性说之差，惟善恶之标准若何，东坡亦未详言耳。

胡五峰性说，本于子思所谓"天命之性"，含义颇高远。

盖指身中所具万理之全体而言之。其言曰：

大哉，性乎！万理具焉。天地由此而立矣！世儒之言性者，类指一理而言之尔，未有见天命之全体者也。（《胡子知言》卷四）

又曰：

或问性，曰："性也者，天地之所以立也。"曰："然则孟轲氏、荀卿氏、扬雄氏之以善恶言性也非欤？"曰："性也者，天地鬼神之奥也。善不足以言之，况恶乎？"或者问曰："何谓也？"曰："宏闻之先君子曰：孟子所以独出诸儒之表者，以其知性也。宏谓曰：何谓也？先君子曰：孟子道性善云者，叹美之辞也，不与恶对。"（《知言疑义》）

又曰：

圣人发而中节，而众人不中节也。中节者为是，不中节者为非；挟是而行则为正，挟非而行则

为邪；正者为善，邪者为恶。而世儒乃以善恶言性，邈乎辽哉！（《知言疑义》）

五峰性说，后人不无疑议，大抵近于“性无善无不善”之说。欲知陆、王之论性，固不可不先考此数家也。

象山论性处极少。尝曰：“人性皆善。其不善者，迁于物也。”又告学者曰：“汝耳自聪，目自明，事父自能孝，事兄自能悌。此则就良知以推性善。”阳明主“致良知”，又谓“心即理”，皆承象山。而有时论心即以论性。其论良知曰：“良知之在人心，无间于圣、愚。天下古今之所同也。”（《全书》卷二）又曰：“良知、良能，愚夫、愚妇与圣人同。”（《全书》卷二）盖以良知为人心所固有、万人所同，窃取孟子“仁义固有”之说，以证性善者也。又曰：“良知原是完完全全，是的还他是，非的还他非。是非只依着他，更无有不是处。这良知还是你的明师。”（《全书》卷三）又曰：“尔那一点良知，是尔自家的准则。”（《全书》卷三）又曰：“若良知之发，更无私意障碍。即所谓‘充其恻隐之心而仁不可胜用’矣。然在常人不能无私意障碍，所以须用致知、格物之功，胜私复理。”（《全书》卷一）然则良知者，吾人百行之标准。依于良知而动，自然无有不善者矣。故又曰：“仁义礼智，性之性也。”（《全书》卷二）此即以仁义礼智为性中所固有。阳明之学，以良知为最大根本，由良知而立“心即理”之说，由“心即理”而立“知行合一”之说。综观阳学之全体，固宜必取“性善”说也。

今更就其分别论性者观之，其四句教中，之前二句曰：“无善无恶是心之体，有善有恶是意之动。”（《全书》卷二）此二句，说者或谓类于告子之“性无善无不善”说，或以为类于禅家之“不思善不思恶”说。（《六祖坛经》）然阳明但以明心之本体，非必取于告子与禅家也。故又曰：“既去恶念，便是善念，复其心之本体矣。”（《全书》卷三）观此则是指心之本体为善。又《大学古本序》曰：“至善也者，心之本体也。动而后有不善。”（《全书》卷七）又曰：“至善者心之本体也，心之本体那有不善？”（《全书》卷三）夫既以心之本体为至善，又谓“无善无恶心之体”，则前后岂不自相矛盾耶？由今考之，殆所谓无善无恶者，即至善也。王龙溪为阳明入室弟子，其《答吴悟斋书》（《龙溪全集》卷十）中揭四句教，第一句“无善无恶心之体也”，作“至善无恶心之体也”，可证“无善无恶”，即“至善无恶”之义矣。

阳明论心处甚多，皆率主伦理，而罕关于心理者。其言心性之别曰：“就其主宰处说，便谓之心；就其禀赋处说，谓之性。”(《全书》卷一)又论身心、意知之关系曰:“无心则无身,无身则无心。但指其充塞处言之谓之身,指其主宰处言之谓之心,指心之发动处谓之意,指意之灵明处谓之知。”(《全书》卷三)又论心性与天之关系曰:“夫心之体性也,性之原天也。”(《全书》卷二)又论情曰:“喜、怒、哀、惧、爱、恶、欲,谓之七情。七者俱是人心合有的,但要认得良知明白。”(《全书》卷三)又论心性理之关系曰:“心之本体即是性,性即是理。”(《全书》卷一)综阳明之心、性、情等说,亦如张横渠所谓“心统性情者”矣。(《张子全书》卷十四)至云“‘无善无恶心之体’,即‘心之本体即是性’,与‘有善有恶意之动’等,则心有体、有用。体静而用动,性静而意动。”宋陈北溪尝论“心之体用”曰:“寂然不动者其体,感而遂通者其用。‘体’即所谓性,以其静者言也;‘用’即所谓情,以其动者言也。”(《北溪字义》)此与阳明之说相出入。阳明就七情说诚意工夫,以“意之动有善有恶”。盖意之动向外,情之动向内。二者虽各有区别,要同发于心无疑也。至于以“性之原为天”,则与子思“天命之谓性”,及董仲舒“道之大原出于天”同意。“性即理”是本程伊川说,象山但言“心即理”,阳明兼言“性即理”。由理而推之性,由性而推之天,以见至善之本。则自伦理之意义外，同时而立宇宙论之基础，尤密于象山矣。

阳明又曰：

> 性一而已。自其形体也谓之天，主宰也谓之帝，流行也谓之命，赋于人也谓之性，主于身也谓之心。（《全书》卷一）

冯柯《求是编》非之曰：

> 是以天也、帝也、命也、性与心也，皆属之性矣，而可乎？既以是五者而皆属之性，则所谓“赋于人而谓之性”者，又谁赋乎？盖阳明不识“性”字，“性”字只当一个“太极”字看了，所以舛错至此。

冯氏分别天、人，以见性之异。阳明则就天人合一处，以论性之一。故其说不相容。阳明岂真不知天人之别哉？惟冯氏论亦颇明晰，故引之于此。

冯柯又曰：

理即是仁义礼智，仁义礼智即是性。性即是善，善即是道，道即是阴阳，但自天言之；谓之道，谓之阴阳，自人言之；谓之善，谓之仁义礼智，谓之性，谓之理云尔，则是性也者，分明属人而言。

要之冯氏之说，实不察阳明本意在解除世人之局束，以示天人融会之妙。冯氏未为知阳明也。

以上论阳明所言心性之关系。至阳明言性，每以“无善无恶”及“至善”二语释之，若有同一之意义者然。其言曰：“性之本体，原是无善无恶的。”（《全书》卷三）又曰：“至善者，性也。性原无一毫之恶。”（《全书》卷一）盖阳明以“理之静”与“气之动”区别，以“无善无恶”与“有善有恶”区别。其意谓“无善无恶”，即至善也。故曰：“无善无恶理之静，有善有恶者气之动。不动于气，即无善无恶是谓至善。”（《全书》卷一）又论天命之性，为纯粹至善曰：“至善者，明德亲民之极则也。天命之性，粹然至善。其灵昭不昧者，此其至善之发现。”（《全书》卷二）然则性之本体，为无善无恶，即纯粹至善。惟其发现有过不及，始不能无善恶之别耳。

虽然，本体至善，使无外界之诱惑，则其发现者自无不善。今即不曰“性至善”，亦不得不曰“性善”也。故阳明曰：“人性皆善。”（《全书》卷一）又曰：“性无不善。”（《全书》卷二）此皆就性之本言之，与孟子之说无异。又曰：“性一而已。仁义礼智，性之性也；聪明睿智，性之质也；喜怒哀乐，性之情也；私欲客气，性之蔽也。质有清浊，故情有过不及而蔽有浅深也；私欲客气，一病两痛，非二物也。”（《全书》卷二）此益见阳明承孟子，皆论性之本，故以“仁义礼智”为性之性，以“私欲客气”为性之蔽。阳明卒，门人黄绾上疏辨伪学之禁曰：“守仁之‘致良知’说，实本先民之言。盖‘致知’出于孔氏，‘良知’出于孟轲性善论。”然则阳明不取性善论，则无以立其良知说，征于此而益信矣。

夫至善既为心及性之本体，然如何而至发现善恶？阳明曰：

> 至善者，心之本体也。心之本体，那有不善？如今要正心，本体上何处用得工？必就心之发动处才可着力也。心之发动，不能无不善。故须就此处着力，便是在诚意。（《全书》卷三）

又其四句教曰：

无善无恶心之体，有善有恶意之动。知善知恶是良知，为善去恶是格物。(《全书》卷三)

盖人有喜、怒、哀、惧、爱、恶、欲七情，皆由心发动，是以善恶生焉。若欲其发而无不善，非着力诚意之功不可。然阳明所谓善恶者，又何如乎？其言曰：

夫在物为理，处物为义，在性为善。因所指而异其名，实皆吾之心也。心外无物，心外无事，心外无理，心外无义，心外无善。吾心之处事物，纯乎理而无人伪之杂。谓之善，非在事物有定所之可求也。处物为义，是否心之得其宜也？义非在外可袭而取也。(《全书》卷四)

又曰：

至善者心之本体。本体上才过当些子，便是恶了。不是有一个善，却又有一个恶来相对也。(《全书》卷三)

此说略本程明道之旨。阳明之论善恶，大抵此类。今就阳明性说，摘要如下：

（一）阳明以良知为本，故取孟子之“性善”说，及“良知、良能”之言。

（二）心之本体即性。性即理也，即天也。

（三）性之本体，寂然不动，超绝善恶之形容，故谓之“无善无恶”。

（四）无善无恶，即超绝之善，所谓“至善”是也。故天命之性，为纯粹至善，兼通“性即理、即天”之说。

（五）至善之性，发动而有情与意，乃不能无善恶。所谓“善恶”，即过与不及是也。故阳明重诚意，意即“心之所发动，而善恶所由分”。

（六）阳明“无善无恶”一语，与告子、东坡不同。阳明是由哲学之基础论性之本体，告子、东坡但浑然言其无善恶而已。当于后述阳明之评告子详之。

（七）扬雄及司马光之“性善恶二元论”，尤与阳明有异。

（八）胡五峰性说，大致若与阳明同。而其说明之际，不无小异。如评孟子处，五峰与阳明不同也。

（九）程明道性说，虽未甚明了，细玩之实类阳明。后当述阳明评明道说，可以知之。

（十）禅家“不思善，不思恶”之语，所以示静中工夫，不免强制念起。阳明言“无善无恶”，但以形容心体寂然不动之本态而已。此其所异也。

阳明评古者论性之言，往往标其特见。掇而录之，亦可以窥阳明性说之全体矣。盖尝先论言性者之异同曰：

> 性无定体，论无定体。有自本体上说者，有自发用上说者，有自源头上说者，有自流弊处说者。总而言之，只是这个性，但所见有浅深尔。若执定一边，便不是了。（《全书》卷三）

又譬喻以明之曰：

> 譬如眼，有喜时的眼，有怒时的眼；直视就是看的眼，微视就是觑的眼。总而言之，只是这个眼。若见得怒时眼，就说未尝有喜的眼；见得喜时眼，就说未尝有觑的眼，皆是执定就知是错。（《全书》卷三）

然阳明用意所在，又贵见性，而不贵说性。故又曰：

> 今之论性者纷纷异同，皆是说性非见性也。见性者无异同之可言矣。（《全书》卷五）

盖说性者仅言论上之事。若夫见性，则非积涵濡体认之功，不能确切有所悟入也。说性者虚，见性者实。阳明见世人说性之纷扰，而深欲其加意于见性焉。

阳明尝评孟子、告子、荀子、明道之性说，以孟子之道性善，直从本原上说来，欲人明彻本原上工夫。故曰："孟子从源头上说性，要人用功在源头上明彻。"（《全书》卷三）按孟子言性善，通性情才，彻头彻尾纯善。人勿失其本性，则得全仁义。其为不善者，外界之物欲陷之也。阳明以孟子说性之源头，即以为明性之本体。故又曰："性之本体原是无善无恶的（即至善）。发用上也原是可以为善，可以为不善的。"（《全书》卷三）是全同程明道说。明道曰："人生而静以上不容说，才说便已不是性也。凡人说性，只是说'继之者善'也，孟子言'人性善'是也。"（《二程全书》卷一）盖阳明以孟子是说性之纯粹至善之本体也。

告子言"性无善无不善"，其与孟子论难，至设湍水、杞柳种种之喻以相折。晦庵以其纷纭缪戾，或类荀，或类扬。然告子性说，亦能自持其辨，首尾相贯，无所矛盾。所云“生之谓性”，指人之运动、知觉。又曰：“食色，性也。”故以性为无善无不善。惟满足其性，当见善恶之别而已。此湍水、杞柳之喻所由来也。盖欲明告子论性之得失，不可不先知告子之意。告子论性，实兼性与情而言。善恶不求诸心，而求诸外界，是以其论与孟子不合。告子性说，骤视似易解，细考之即多未备。阳明评告子“生之谓性”曰：

> 但告子认得一边去了，不晓得头脑。若晓得头脑，如此说亦是。孟子亦曰：“形色，天性也。”这也是指气说。又曰：“凡人信口说，任意行，皆说‘此是依我心性出来’。此是所谓‘生之谓性’，然却有过差。”（《全书》卷三）

阳明以告子不说从良知行动，徒求善恶于外界习染一边，至以任意言行为性，是其误处。又指告子“生之谓性”，与孟子言“形色天性”，皆是说气，使告子能认得源头之良知，斯所说亦无不可耳。

阳明又以告子论性之蔽，即在以性为无善无恶，而善恶全由外界来，是截然分内外为二。故曰："告子见一个性在内，见一个物在外，便见他于性有未透彻处。"（《全书》卷三）如阳明以无善无恶为至善，而善恶者不过发动之际，其中节有过不及，斯则无告子分别内外之失矣。

阳明以荀子之"性恶"说，全从流弊上着眼。故曰："荀子'性恶'之说，是从流弊上说来，也未可尽说他不是，只是见得未精耳。"又曰："荀子从流弊说性，工夫在末流上救正，便费力了。"（《全书》卷三）荀子本主"性恶"论，以为"任人之性，则无不入于利己，而至于淫佚争夺"。阳明就己意评之，谓为从流弊上说来。荀子欲使人之本性，同化于道，与圣人之礼法一致，而阳明评为在末流上救正。荀子持"性恶"，于言善处未备；孟子持"性善"，于言恶处未备；阳明则仅以荀子见得未精。不过，孟子从源头上着眼，荀子从流弊上着眼耳。

程明道性说，其颇难解者，为"生之谓性""人生而静以上不容说""才说性便不是性"数语。朱晦庵解之曰：

> "人生而静以上"，即是人物未生时。人物未生时，只可谓之圣，说性未得，此所谓"在天曰命"也。"才说性时便已不是性"者，言才谓之性，便是

人生以后。此理已堕在形气之中，不全是性之本体矣，故曰“便已不是性也”。(《性理大全》卷三十)

晦庵解此节极详。然阳明之解尤简明。阳明曰：

生之谓性，“生”字即是“气”字，犹言气即是性也。“气即是性”“人生而静以上不容说”“才说气即是性”，即已落在一边，不是性之本原矣。孟子“性善”是从本原上说。然性善之端，须在气上始见得。若无气，亦无可见矣。恻隐、羞恶、辞让、是非，即是气。程子谓：“论性不论气，不备；论气不论性，不明。”亦是为学者各认一边，只得如此说。若见得自性明白时，气即性，性即是气，原无性气之可分也。(《全书》卷二)

阳明平日言性，以性之本体为无善无恶，即至善，本较明道加详。其评明道之说，直谓“见性明时，无性气之可分”，益自证成其简易直截之旨矣。

明道又曰：“善固性也，恶亦不可不谓之性。善恶皆天理。”此数语亦后人引为难解者。然阳明屡说“善恶只是一物”，却正与明道此意符合。《传习录》曰：

阳明尝以此谕门人黄直，因悟明道之说。直问：“先生尝谓善恶只是一物。善恶两端如冰炭相反，如何只是一物？”先生曰：“至善者心之本体。本体上才过当些子，便是恶了。不是有一个善，却又有一个恶来相对也。故善恶只是一物。”直因闻先生之说，则知程子所谓“善固性也，恶亦不可不谓之性”。又曰：“善恶皆天理，谓之恶者本非恶，但于本性上过与不及之间耳。说皆无可疑。”（《全书》卷三）

观直闻阳明之说，而悟明道之旨，则阳明、明道，其论性相同可知。陆王言性善，皆远取孟子，而近宗明道者也。

心即理说

一、“心即理”说之渊源

阳明以陆象山之学，得孔孟之真传。故承象山简易直截之讲学法，而益发挥其“心即理”说，是以陆、王共为心学之宗也。

心学之源，盖称发自尧、舜、禹精一之训。至孔子集其大成，而以“仁”之一字，一贯人道。其教弟子，唯求其心之仁。孟子继孔子之道，攻击墨子之“兼爱”说、告子之“义外”说。遂曰:“仁，人心也。”又谓:“学问之道无他，在求其放心。”又谓仁义礼智，心所固有，非由外铄，何莫非以讲明心学为要乎？汉魏六朝以来，佛老之徒盛，以遗弃人伦事物常道为务，则儒者之心学中息焉。至于有宋，周濂溪、程明道，复寻孔、颜之绪，精一之旨，心学复兴，及陆象山出，益以简易直截为归。自是言心学者皆称象山，惟同时朱晦庵以穷理为宗，不专尚心学，故后人有朱、陆异同之辨。而陆学流传，不如朱学之广。明世阳明复起，始又远承象山之统。今欲究阳明之“心即理”说，不可不先究象山之“心即理”说矣。（“精一”之训，出自伪《古文》。然在理学上沿为术语已久，故今仍以为心学之源。）

象山之“心即理”说，含义颇深。当象山十三岁时，读古书至“宇宙”二字，解者曰：“四方上下曰‘宇’，往古来今曰‘宙’。”忽大省曰：“元来无穷，人与天地万物，皆在无穷之中者也。”乃援笔书曰：

> 宇宙内事，乃己分内事；己分内事，乃宇宙内事。

又曰：

> 宇宙便是吾心，吾心即是宇宙。东海有圣人出焉，此心同也，此理同也；西海有圣人出焉，此心

同也，此理同也；南海、北海有圣人出焉，此心同也，此理同也；千百世之上，至千百世之下，有圣人出焉，此心、此理亦莫不同也。(《象山全集》卅六卷《年谱》)

他日象山启悟学者，多及“宇宙”二字，窃尝论之。象山因究天地之所穷际，而悟人间与宇宙之关系曰:“夫人与天地万物，皆在此无穷之中。其起于吾心内之诸现象，即宇宙内之诸现象也。”由是以推，则吾心所思惟之理，即宇宙之理。而凡宇宙之理，吾心固无不得思惟之者矣。吾心思想之法则，亦即合于宇宙之法则。宇宙不啻一大我，而我不啻一小宇宙，故曰“宇宙内事，乃己分内事”。至于“宇宙即吾心”“吾心即宇宙”者，吾所具之心、所具之理，即宇宙之理，即往古来今、东西南北之圣人所具之心之理。特举之曰:“圣人云者，亦以其能显现心之全体，而不为物欲所蔽耳。然则吾心，即千古之心；所具之理，即千古之理。有此心即常有此理。此心、此理，东西、古今，万人所同。非一人之心，一时之心，而充塞宇宙恒久不磨之心，充塞宇宙恒久不磨之理也。”知象山“宇宙便是吾心，吾心即是宇宙”之说，斯可通彻象山学说之全矣。象山“心即理”之说，实自十三岁时，已有所悟，后推而大之，成一简易直截之心学。后世尊象山者以此，其诋象山以为近禅学者亦以此。要之象山所谓“心即理”者，远则宇宙万物之理备于心，近则人伦百行之标准备于心，故人当不失其本心。而所谓“理”者，遍满宇宙，无有际限，秩序井然不乱。天地万物由之而顺，人类彝伦由之而叙。为宇宙之原则者，此理也；为政治及道德之原则者，亦此理也。理既为自然律，又为道德律，大哉理乎！子思以一“诚”字，为宇宙及伦理之原则。

象山之言理，殆无异子思之言诚也。虽然，尤有不可不察者。心所以能为百行标准者，以理备于吾心故也。惟此备理之本心，乃能为标准，而非并言其作用。故象山特以本心及良知、良能，与邪心、私心区别。心本一也，至其作用，则或有不能正而陷于邪，不能公而流于私者。盖公与正者，心之本体；邪与私者，外物陷溺之所由生也。象山所谓“心即理”之心，指本心即良知，非兼邪心、私心而言。故《与曾宅之书》曰:“此理本天所以与我，非由外铄。”(《象山全集》卷一）则理赋于先天，得名之为心，名之为良心，即具充塞宇宙之理之心也。又曰:“心，一心也；理，一理也。至当归一，精义无二。此心、此理，实不容有二。”(《象山全集》卷一）言心与理之关系，此非最深切著明之语耶?

夫然后宇宙内事，皆己分内事。心外无事，心外无理。宇宙之理，皆具吾心。故又曰:“万物皆备于我，只要明理。”(《语录》)象山所谓“理”，合于孔子之言“仁”、子思之言“诚”。使学者契天人一贯之符，以达于圣人之阃域焉，真所谓“简易直截”者也。阳明又由象山之“心即理”说，而益征之于实践之地，以切于人生之行为，当于后论之。

二、“心即理”之意义

要之阳明所用“心即理”一语，其意义果如何？今请得而详释之。夫“心即理”者，即心与理合一之谓也。盖理无不备于心，求之心而理得矣。虽曰“心外无理”可也。理为标准，为法则，又为至善，故心亦得为标准，为法则，为至善也。吾明吾心，而求标准、法则之所在，斯理亦在焉。更详言之，则“心即理”者，与二与二为四之相等者不同。心之标准常正，而其作用则有正、邪，故阳明特揭良知与邪心区别。至古来辨“心之正邪”之术语，有道心、人心、天理、人欲、本心、私心、性欲、私欲、良知、物欲等名，或约之为仁义之心与利欲之心，以立义、利二者之辨。又就性分为天地之性、气质之性。气质之性，虽不尽恶，然以视天地之性，则含恶较多，可与佛家所谓“真如佛性，无明烦恼”互相参考发明。故良知之与邪心，一则高尚纯洁，一则卑劣污浊，不可同器。是以人间之心之作用，其上焉者可由以优入圣域，下者至近于禽兽，其几不可不辨也。陆王所谓“心即理”之真义，是指良知之本心，能为百行之标准者而言，而邪心、私心不与焉。世或误解“心即理”之语，以本心与私心同类而并论之。遂以心学之弊，将流于放僻邪侈，无所不至。是岂陆王之本旨哉？故略论其差别于此。

三、“心即理”与“即物穷理”

陆王“心即理”之说，与朱子“即物穷理”之说，有不相容者。朱子以世间一切事物，各各具理。当依于经验，各就其事而详考之，而理乃可得而明也。凡人生、日用之事，以至一草一木之微，皆莫不有理，可以为讨究之资。譬如对亲当孝，对兄当悌。欲求孝悌之道，必先观孝悌之古训，征之师友之言，渐以确识孝悌之定理，然后取而实行之。是不免求理于心外也。

阳明则不然，以为不须详求世间一切事物之理，事物之理，皆悉具于吾心中。故曰:“夫物理不外于吾心。外吾心而求物理，无物理矣。遗物理而求吾心，吾心又何物耶？”（《全书》卷二）盖吾心果清明无蔽，则于所为之事，能示以自然之标准，若何而可？若何而不可？有不待学问而后知者。今略比录朱子及阳明论心之异同于下：

朱子曰：“人心之灵，莫不有知。而天下之物，莫不有理。”（《大学章句》）

阳明曰：“心外无理，心外无事。”（《全书》卷一）

朱子曰：“虚灵不昧，以具众理而应万事。”（《大学章句》）

阳明曰：“虚灵不昧，众理具而万事出。”（《全书》卷一）

如以上所说，则朱子分心与理为二，而阳明合心与理为一，此其不同也。故阳明非朱子处甚多。如曰：“朱子所谓‘格物’云者，在即物而穷其理也。‘即物穷理’，是就事事物物上求其所谓定理者也。是以吾心而求理于事事物物之中，析心与理而为二矣。”（《全书》卷二）阳明又微讽朱子之“即物穷理”说析心与理为二者，以为同于告子之“义外”。其言曰:“夫外心以求物理，是以有暗而不达之处。此告子‘义外’之说，孟子所以谓之‘不知义’也，心一而已。以其全体恻怛而言，谓之‘仁’；以其得宜而言，谓之‘义’；以其条理而言，谓之‘理’。不可外心以求仁，不可外心以求义，独可外心以求理乎？外心以求理，此知行之所以二也。求理于吾心，此圣门知行合一教。”（《全书》卷二）然则孟子谓“义内”，告子谓“义外”；阳明谓“理内”，朱子谓“理外”。其相违者在此。

阳明与朱子之异，亦如西洋哲学中理性论者与经验论者之异。惟阳明所谓“理”，视朱子所谓“理”范围稍狭。朱子以人间一切行事，乃至天地间一草一木，莫不有理；阳明所谓“心即理”，则似专指道德律言之而已。然阳明所谓“心即理”之内容果何如者？盖当时门人，亦有疑“心即理”之说者。《传习录》记曰：

> 徐爱问:“至善只求诸心，恐于天下事理有不能尽？”阳明曰:“心即理也。此心无私欲之蔽，即是天理，不须外面添一分。以此纯乎天理之心，发之事父便是孝，发之事君便是忠，发之交友治民，便是信与仁。只在此心去人欲、存天理上用功

> 便是。”爱曰：“如事父一事，其间温、凊、定、省之类，有许多节目，亦须讲求否？”曰：“如何不讲求？冬温、夏凊也，只是要尽此心之孝，恐怕有一毫人欲间杂。此心若无人欲，纯是天理，是个诚于孝亲之心。冬时自然思量父母寒，自去求温的道理；夏时自然思量父母热，自去求凊的道理。譬之树木，这诚孝的心便是根，许多条件便是枝叶。须先有根，然后有枝叶，不是先寻了枝叶，然后去种根。”

如以上说，则以去私欲、存天理，即真实无妄之心，为“心即理”之内容。至所谓“天理”，又可由人人直觉而知之，即良知是也。阳明之言天理，颇有近于康德所言无上命令法。“心即理”之内容，当参考后章良知说，可得其详。

要而论之，朱子求理于外，阳明求理于内。其说虽全相反，而各含一部之真理，可以并行而莫能偏废者也。即以孝言，阳明偏于孝之理，朱子偏于孝之事，亦所持理内、理外之不同耳。阳明之时，程朱旧说方盛。阳明虑世人汲汲求理于心外，而流入支离，故倡“知行合一”及“心即理”之说。实将以矫一时之弊，非故为此门户之争也。然门人中犹有以为疑者。阳明尝戒弟子曰：

> 诸君要识得我立言宗旨。我如今说个“心即理”是如何，只为世人分心与理为二，故便有许多病痛。（《全书》卷三）

又因序《象山文集》而叹古来学者之流于支离曰：

> 析心与理为二，而精一之学亡。世儒之支离，外索于刑名器数之末，以求明其所谓物理者，而不知吾心即物理，初无假于外也。佛老之空虚，遗弃其人伦事物之常，以求明其所谓吾心者，而不知物理即吾心，不可得而遗也。（《全书》卷七）

然则阳明之说，盖应于时势之新要求，有不得已者焉。又益致其精微之辨，以发孔、孟教旨之精神，故卓然为象山以后之大哲。而此“心即理”说，与“知行合一”说、“致良知”说，为阳明学之三纲领。欲求姚江一派之宗旨者，不可不加意乎此也。

知行合一论

阳明之学，本承象山。而“知行合一”之说，则象山所未尝质言也。盖象山论学，先讲明而后践履。其《与赵咏道书》曰:“为学有讲明，有践履。《大学》‘致知’‘格物’，《中庸》‘博学’‘审问’‘谨思’‘明辨’,《孟子》‘始条理者，智之事’，此讲明也;《大学》‘修身正心’,《中庸》‘笃行之’,《孟子》‘终条理者，圣之事’，此践履也。‘物有本末，事有终始，知所先后，则近道矣。’‘欲修其身者，先正其心；欲正其心者，先诚其意；欲诚其意者，先致其知。致知在格物。’自《大学》言之，固先乎讲明矣；自《中庸》言之，学之弗能，问之弗知，思之弗得，辨之弗明，则亦何所行哉？未尝学问、思辨，而曰‘吾惟笃行之’而已，是冥行者也。自《孟子》言之，则事盖未有无始而有终者。讲明之未至，而徒恃其能力行，是犹射者不习于教法之巧，而徒恃其有力。谓吾能至于百步之外，而不计其事未尝中也。”（《象山集》卷十二）又《与彭子寿》曰：“大抵讲明存养，自是两节。”（《象山集》卷七）盖象山以讲明为知，存养践履为行。先讲明而后践履，是先知后行也。故“知行合一”之说，伊川微引其端，而阳明益详说之，不尽渊源于象山也。

阳明所谓“知行合一”者，即知行并进，不分先后之意。盖古之论行为，有言先知后行者，有言先行后知者。阳明特取于其中间，而倡“知行合一”之说。

第一、先知后行。

第二、知行合一。

第三、先行后知。（如已实行之，而当时不自知其为善也。）

自来论知行之关系，不出上之三种。第一，先知后行，为世之常谈，然往往有知之而不能行者。第二、第三说，则较重实行。阳明用“知行合一”之第二说，实取第一、第三说而折衷之者也。今先括“知行合一”之义于下：

一、知则必行。

二、知与行并进。

三、不行由于知未真故。

四、真知则必行。

五、不行终不能得真知。

六、知为理想，行为实现，真理想必实现。若不实现，仅当名空想，不可名理想。世之空想家多，而能真知实践者少，故阳明发此论。

七、知为理论，行为实际。理论之可贵与否，因其适于实际与否而定。不适于实际之理论，不足贵也。所谓理论与实际相违之说，既阳明所决不许。故倡言“知行合一”，以斥架空之辨。

八、知行合一，为知行关系之真相。

九、“知行合一”说，可以鼓励实践之勇气。

十、知行合一，其所谓“行”，不限于动作，兼指心之念虑而言。譬如知恶念是“知”，绝其恶念使之不生即是“行”。

阳明所说“知行合一”之义，不出上之十种。至于“知行合一”之范围，则仅限于人事，而不及自然界。盖凡政治道德，及一切关于人事者，知之即无不可行之。若夫自然界之事，能知之而即能行之者较罕。故阳明言“知行合一”，始终以实践为主，亦专就人事上言之耳。然犹有疑者，“知行合一”，果何所知而何所行乎？由阳明“心即理”之说观之，则可知所行仍不外为善去恶。若谓“知恶便行恶”，以解“知行合一”，不惟异于阳明之本旨，抑亦大害于人心矣。今更即阳明“知行合一”说，分析论之。

一、“知行合一”之要旨

阳明所谓“知行合一”者，以为真知未有不能行。故耳闻目见而以为知者，非真知也；漠然幻想而以为知者，非真知也。惟实地经验，而发之于行事，而后其知乃真。知不啻行之预想。苟无行，安有知？如口言孝悌，而不能躬行孝悌，亦其于孝悌之实，知之未真耳。知之决能行之，知行决不可离者也。故曰：“知是行的主意，行是知的工夫；知是行之始，行是知之成。若会得时，只说一个知，已自有行在；只说一个行，已自有知在。”（《全书》卷一）又曰：“未有知而不行者。知而不行，只是未知。”（《全书》卷一）

阳明倡“先天良知”之说，故见谓去恶存善，为人性之固然。未有真知善而不能为，真知恶而不能去者也。于是又以“知行合一”矣，当使之并进，不可分为两事。曰：

知之真切笃实处即是行，行之明觉精察处即是知。知行工夫，本不可离。只为后世学者，分作两截用功，失却知行本体，故有“合一并进”之说。真知即所以为行，不行不足谓之知。（《全书》卷二）

又曰：

知者行之始，行者知之成。圣学只一个工夫，知行不可分为两事。（《全书》卷一）

此则以“知行合一”为圣学唯一之工夫。其云“先知后行”者，非圣学之本旨矣。

盖阳明之时，世方溺于知而忽于行。阳明特思注重实践，以救其弊。乃揭“合一并进”之旨，为言先知后行者，下一针砭。故曰：“某今说个‘知行合一’，正是对病的药，又不是某凿空杜撰。知行本体原是如此。今若知得宗旨时，即说两个亦不妨。若不会宗旨，便说一个亦济得甚事？只是说闲话。”（《全书》卷一）又曰：“‘知行’原是两个字说一个工夫。这一个工夫，须着此两字，方说得完全无弊病。”（《全书》卷一）凡事必以知行相合而成，故知行工夫唯一而已。阳明在申知行之真义，非徒沾沾于文字间也。

二、“知行合一”之问难

阳明初倡“知行合一”之说，较其余学说，尤为简易直截。门人多未达者，盖士蔽于习久，未可以骤悟也。当时问难之词，约有三种，兹括而述之：

> 门人问曰：“如今人尽有知得父当孝、兄当悌者，却不能孝、不能悌。便是知与行分明是两件。”阳明答曰：“此已被私欲隔断，不是知行的本体了。未有知而不行者。知而不行，只是未知。圣贤教人知行，正是要复那本体，不是着你只恁的便罢。故《大学》指个真知行与人看说，如好好色，如恶恶臭。见好色属知，好好色属行，只见那好色时，已自好了，不是见了后，又立个心去好；闻恶臭属知，恶恶臭属行，只闻那恶臭时，已自恶了，不是闻了

后，别立个心去恶。如鼻塞人，虽见恶臭在前，鼻中不曾闻得，便亦不甚恶，亦只是不曾知臭。就如称某人知孝、知悌，必是其人已曾行孝、行悌，方可称他知孝、知悌。不成只是晓得说些孝悌的说话，便可称为知孝、知悌。”（《全书》卷一）

于此可见，时人骛于知而怠于行，故阳明极言合一并进之真意如此。

门人问曰：“古人说知行做两个，亦是要人见个分晓。一行做知的工夫，一行做行的工夫，即工夫初有下落。”阳明答曰：“古人所以能既说一个知，又说一个行者，只为世间有一种人，懵懵懂懂地任意去做，全不解思维省察也。只是个冥行妄作，所以必说个知，方才行得是；又有一种人茫茫荡荡，悬空去思索，全不肯着实躬行，也只是揣摸影响，所以必说一个行，方才知得真。此是古人不得已补偏救弊的说话。若见得这个意时，即一言而足。今人却就将知行分作两件去做，以为必先知了，然后能行。我如今且去讲习讨论，做知的工

夫。待知得真了，方去做行的工夫。故遂终身不行，亦遂终身不知。此不是小病痛，其来已非一日矣。”（《全书》卷一）

盖门人中有举古来圣贤所说知行之关系以相质者，而阳明答之如此。

门人问曰：“工夫次第，不能无先后之差。如知食乃食，知渴乃饮，知衣乃服，知路乃行。未有不见是物，先有是事，亦毫厘倏忽之间，非谓截然有等，今日知之而明日乃行也。”阳明答曰：“夫人必有欲食之心，然后知食。欲食之心即是意，即是行之始矣。食味之美恶，必待入口而后知，岂有不待入口而已先知食味之美恶者耶？必有欲行之心，然后知路。欲行之心即是意，即是行之始矣。路岐之险夷，必待亲身履历而后知，岂有不待亲身履历而已先知路岐之险夷者耶？知渴乃饮，知衣乃服，以此例之，皆无可疑。”（《全书》卷二）

阳明既立“知行合一”之说，凡有难者，即为随事辨答，使之折服。其言尚多，兹略举其要者而已。

三、阳明之“知行合一”与伊川之“知行合一”

阳明论知行之关系，或以为近于伊川。盖伊川虽未明言“知行合一”，其说固多可与阳明互相发明也。如曰：

> 知至则当至之，知终则当遂终之，须以知为本。知之深则行之必至，无有知之而不能行者。知而不能行，只是知得浅。虽饥不食鸟喙，人不蹈水火，只是知也；人为不善，只是不知。（《二程全书》卷十六）

观伊川此论，虽足为阳明之先导，然细玩之，则伊川之视知犹重于行。阳明之意，则以奖励实行为主，此其微异也。故伊川又曰：

> 君子以识为本，行次之。今有人焉，力能行之，而识不足以知之，则有异端者出，彼将流宕而不知反。内不知好恶，外不知是非，虽有尾生之信，

曾参之孝，吾弗贵矣。(《二程全书》卷二十八)

此伊川尤重知之明征也。希腊苏格拉第，亦言“知行合一”，然以知真理为主，其偏重在知，有似伊川，与阳明之论知行并进而意偏重在行者，稍有不同也。

四、阳明之论知行与朱晦庵之关系

阳明所谓“知行合一”之内容，即在一念发动之瞬，而决行为善去恶之工夫。若恶念偶起，不能使之退除，复身行之，此便是过，背于“知行合一”之主旨矣。凡人生之知且行，其根柢无不在于本心之良知。从其良知而行，则可几于善。阳明讲学，可谓极其简易。然良知之始著，恒于念虑之微。终日言知行，而卒不能不汲汲以正其念虑为事。其弊或有流于禅而不自知者，是世人之所以为阳明病者也。晦庵非不重行，而本于事物之经验以求之，自然成为“先知后行”之说。其弊或终身致力于训诂注释，以为居敬穷理之功，至不免流于支离灭裂。阳明既主“知行合一”，则亦尝论朱学末流之失。如云:“我如今且去讲习讨论，做知的工夫。待知得真了，方去做行的工夫。故遂终身不行，亦遂终身不知。”

此盖暗讽晦庵。冯柯《求是编》曰：

> 阳明所谓“且去讲习讨论，做知的工夫。待知得真了，方去做行的工夫”者，盖指朱子言也。然朱子尝有言曰：“《大学》之书，虽以格物为用力之始，然非谓初不涵养践履，而直从事于此也；又非谓物未格，知未至，则意可以不诚，心可以不正，身可以不修，家可以不齐也。若必俟知至而后可行，则夫事亲从兄，承上接下，乃人生所不能一日废者。岂可谓吾知未至，暂辍以俟其至哉？”观此，则阳明之意朱子已先得之，特阳明未加深考耳。

柯本崇朱学者，故其言如此。然阳明所以讽朱学者，本亦过当。晦庵、阳明之立言，固各皆以矫一时之弊，亦如今世所谓哲学者，有经验派与直觉派之殊也。

良知

一、阳明以良知立教之渊源

“良知”“良能”之语，始于《孟子》。《孟子》曰:“人之所不学而能者，其良能也；所不虑而知者，其良知也。”又曰:“其所以放其良心者，亦犹斧斤之于木也。”象山承《孟子》之说，颇用“良知”“良心”之语，以教学者。如《武陵县学记》曰:“彝伦在人，维天所命，良知之端，形于爱敬。扩而充之，圣哲之所以为圣哲也。先知者知此而已，先觉者觉此而已。”(《象山集》卷十九）要至阳明本《大学》“致知”，而曰“致良知”，其说益明备。阳明揭“致良知”三字教人，在五十岁时（武宗正德十六年）。然在此以前，已早悟“良知”。《年谱》谓:“三十七岁春，至龙场，始悟格物致知。”如《传习录》中，徐爱所记诸条，但言“良知”，尚未言“致良知”。然每称天理，已隐寓“致良知”之意矣。盖谪居以后，大彻大悟，首悟“良知”，其后乃又渐立“致良知”之说也。

阳明之初悟“良知”也，存之于心而未得宣之于口。其后遭宸濠之变，蒙张忠、许泰之谗，动心忍性之极，始显倡“良知”之说。故尝语友人曰:“近欲发挥此，只觉有一言发不出，津津然含诸口。”久乃曰:“近觉得此学更无有他，只是这些子。”旁有健羡不已者，则又曰:“连这些子亦无致处。今经变后，始有‘良知’之说。”(《全书》卷二)

又曰:

> 吾“良知”二字，自龙场以后，便已不出此意。只是点此二字不出，与学者言，费却多少辞说！今幸点出此意，真是直截。学者闻之，亦省却多少求索！一语之下，洞见全体。学问头脑，至此已是说得十分下落。但恐学者不肯实去用力耳。(《全书》卷二)

又曰：

某于“良知”之说，从百死千难中得来，非是容易见得到此。此本是学者究竟话头，不得已与人一口说尽。但恐学者得之容易，只把做一种光景玩弄，孤负此知耳。

盖阳明自述其发见“良知”之说之难，又言其于学者之益，有如此者，而勉其不可不用力也。

阳明发见“良知”之说以后，则信之愈深，以为千载圣学不传之秘。故曰：“自孔孟既殁，此学失传几千百年。赖天之灵，偶复有见。诚千古之一快，百世以俟圣人而不惑者也。”（《全书》卷八）又曰：“此‘致知’二字，真是个千古圣传之秘。见到这里，百世以俟圣人而不惑。”（《全书》卷二）又正德十六年，《与杨仕鸣书》曰：

区区所论“致知”二字，乃是孔门正法眼藏。于此见得真的，直是建诸天地而不悖，质诸鬼神而无疑，考诸三王而不谬，百世以俟圣人而不惑。知此者方谓之“知道”，得此者方谓之“有德”。异此而学，即谓之“异端”；离此而说，即谓之“邪说”；迷此而行，即谓之“冥行”。虽千魔万怪，眩瞀变幻于前，自当触之而碎，迎之而解。如太阳一出，而鬼魅魍魉自无所逃其形矣。(《全书》卷三)

又嘉靖五年，《寄邹谦之书·第三书》曰：

某近来却见得“良知”两字，日益真切简易。朝夕与朋辈讲习，只是发挥此两字不出。缘此两字人人所自有，故虽至愚下品，一提便省觉。若致其极，虽圣人天地，不能无憾。故说此两字，穷劫不能尽。世儒尚有致疑于此，谓未足以尽道者，只是未尝实见得耳。(《全书》卷三)

又《第四书》曰：

赖天之灵，偶有悟于“良知”之学，然后悔其向之所为者，固包藏祸机，作伪于外，而心劳日拙者也。十余年来，虽痛自洗剔创艾而痛根深锢，萌蘖时生。所幸良知在我，操得其要，譬犹舟之得

舵，虽惊风巨浪，颠沛不已，尚犹得免于倾覆者也。（《全书》卷三）

阳明所以教人者，其方法屡变，最后乃揭出“致良知”，自信为最善而无弊之法。《传习录》曰：

一友静坐有见，驰问先生。答曰：“吾昔居滁时，见诸生多务知解，口耳异同，无益于得。姑教之静坐，一时窥见光景，颇收近效。久之，渐有喜静厌动，流人枯槁之病。或务为玄解妙觉，动人听闻。故尔来只说‘致良知’。良知明白，随你去静处体悟也好，随你去事上磨炼也好，良知本体，原是无动无静的，此便是学问头脑。我这个话头，自滁州到今，亦较过几番，只是‘致良知’三字无病。医经折肱，方能察人病理。”（《全书》卷三）

由此观之，阳明发见“良知”，固非一朝一夕之故，而又比较折衷，以“致良知”三字，于学人为无病也。

二、良知固有论

阳明以为良知者（即良心）为人心所固有，先天所自具，人人所同有而无间于古今者也。其说与西洋直觉派伦理学者之言相出入。尝曰:“良知之在人心，无间于圣、愚，天下古今之所同也。”（《全书》卷二）又曰:“盖良知之在人心，亘万古塞宇宙而无不同。”（《全书》卷二）又举《孟子》“四端”章及《中庸》以证之曰:

> 夫良知者，即所谓是非之心，人皆有之，不待学而有，不待虑而得者也。人孰无是良知乎？独有不能致之耳。自圣人以至于愚人，自一人之心，以达于四海之远；自千古之前，以至于万代之后，无有不同。是“良知”也者，是所谓天下之大本也。致是良知而行，则所谓天下之达道也。天地以位，万物以育，将富贵贫贱，患难夷狄，无所入而弗自得也矣。(《全书》卷八）

又曰:

《孟子》云:“是非之心，知也。”是非之心，人皆有之，即所谓“良知”也。孰无是良知乎？但不能知之耳。(《全书》卷五)

又曰:“自己良知，原与圣人一般。”(《全书》卷二)此以见良知为人类所遍有矣。

阳明又用“天理”二字，以明良知为人类所固有。曰:“天理在人心，亘古亘今，无有终始。‘天理’即是良知。”(《全书》卷三)又曰:“天理之在人心，终有所不可泯。而良知之明，万古一日。”(《全书》卷二)夫良知、良能，既人类所同，而何以有圣、愚之分？则在致与不致耳。故曰:“良知、良能，愚夫、愚妇与圣人同。但惟圣人能致其良知，而愚夫、愚妇不能致。此圣、愚之所由分也。”(《全书》卷二)至谓“良知之明，万古一日”者，阳明既以良知人人同具，则个人之良知，即社会之良知，尽于未来之社会，无不人人有此良知，故云“万古一日”也。

阳明又谓良知为心之虚灵明觉之本体。曰:“心之虚灵明觉，即所谓本然之良知也。”(《全书》卷二)又以良知为《中庸》未发之中，引程明道《识仁篇》之“廓然大公”及“易寂然不动”之语为证曰:“良知即是未发之中，即是廓然大公，寂然不动之本体，人人之所同具者也。”（《全书》卷二）又谓良知本体，不能毫末加损；心之体用，不能超乎良知体用之外。故曰：

人不能不昏蔽于物欲，故须学以去其昏蔽。然于良知之本体，初不能有加损于毫末也。知无不良，而中寂大公未能全者，是昏蔽之未尽去，而存之未纯耳。“体”即良知之体，“用”即良知之用。宁复有超然于体用之外者乎？（《全书》卷二）

又曰：

未发之中，即良知也。无前后内外而浑然一体者也。（《全书》卷二）

又以良知为道之本原，故断然谓良知即道，以示其普遍曰：“夫良知即是道。良知之在人心，不但圣贤，虽常人亦无不如此。”（《全书》卷二）有问：“良知原是中和的，如何却有过不及？”阳明曰：“知得过不及处，就是中和。”（《全书》卷三）又以心禀受天理，是名“良知”，故谓“良知即天理”，曰：“吾心之良知，即所谓‘天理’也。”（《全书》卷二）又以《古文尚书·大禹谟》所谓道心为良知，曰：“道心者，良知之谓也。”（《全书》卷二）又由心之虚灵明觉，以推天理之昭明灵觉，曰：“良知是天理之昭明灵觉处。故良知即是天理，思是良知之发用。”（《全书》卷二）综而论之，曰心，曰未发之中，曰廓然大公，寂然不动之本体，曰道，曰天理，曰道心，无一非良知之异名而已。

又示门人以良知存于先天曰：“良知者心之本体，即前所谓恒照者也。心之本体，无起、无不起。虽妄念之发，而良知未曾不在。人不知存，则有时而或放耳。”（《全书》卷二）又以良知与植物比较，以为其天赋固有之征，曰：“良知即是天植灵根，自生生不息。但着了私累，把此根戕贼蔽塞，不得发生耳。”（《全书》卷三）又因门人问《中庸》天命性道教，而告以良知原来完完全全，曰：“道即是良知。良知原是完完全全，是的还他是，非的还他非。是非只依着他，更无有不是处。”（《全书》卷三）此皆良知本来具于先天之证也。

阳明又以良知本来明白，但去障蔽，良知自存。其言曰：“良知本是明白，实发用功便是。不肯用功，只在言语上转说转糊涂”。（《全书》卷三）然良知虽本明白，而气质有清浊，遂生贤愚之差。故曰：“良知本来自明。气质不美者，

渣滓多，障蔽厚，不易开明；质美者，渣滓少，无多障蔽。”（《全书》卷二）

程伊川尝说：“有德性之知，有见闻之知。‘德性之知’，由于天赋，不待经验而得。”阳明亦谓：“德性之良知，非由于闻见。”（《全书》卷二）又分别良知与见闻之关系，以示良知之为固有曰：“良知不由见闻而有，而见闻莫非良知之用。故良知不滞于见闻，而亦不离于见闻。”（《全书》卷二）

又本《中庸》“溥博渊泉，而时出之；溥博如天，渊泉如渊”之语，以示良知不为私欲障蔽，则如天如渊。曰：“人心是天渊。心之本体，无所不该。原是一个天，只为私欲障碍，则天之本体失了。”（《全书》卷三）当时门人于中，以云与日譬良知之障蔽曰：“只是物欲遮蔽，良心在内，自不会失。如云自蔽日，日何尝失了？”（《全书》卷三）此喻深契阳明之旨。阳明又曰：“良知在人，随你如何，不能泯灭！虽盗贼亦自知不当为盗，唤他做贼，他还忸怩。”（《全书》卷三）盖惟良知存于先天，即时或有所障蔽，而本体决不泯灭。如系后天所生，安然全然不泯者。故阳明之言良知，毫不涉于后天也。

阳明又以良知虽一，而为百行之标准。以之事亲则孝，交友则信。随境所遇，无不得宜。故曰：“良知只是一个。

天理自然明觉发现处，只是一个真诚恻怛，便是他本体。”（《全书》卷二）又曰：“良知只是一个，随他发现流行处，当下具足，更无去来，不须假借。然其发现流行处，却自有轻重厚薄，毫发不容增减者，所谓天然自有之中也。”（《全书》卷二）盖随良知之自然而动，自无过不及之患也。

古之言学，有生知安行者，有学知利行者，其度量大相悬绝。然生知者亦不可缺致知之功，学知者即有时或至于困，固无不依于其良知而进。

> 阳明尝曰：“圣人亦是学知，众人亦是生知。”问曰：“何如？”曰：“这良知人人皆有。圣人只是保全无此障蔽，兢兢业业，亹亹翼翼，自然不息，便也是学。只是生的分数多，所以谓之‘生知安行’。众人自孩提之童，莫不完具此知，只是障蔽多。然本体之知，自难泯息。虽问学克治，也只凭他。只是学的分数多，所以谓之‘学知利行’。”（《全书》卷三）
>
> 又问：“圣人生知安行是自然的，如何有甚工夫？”阳明曰：“‘知行’二字，即是工夫，但有浅深、难易之殊耳。良知原是精精明明的，如欲孝

亲，生知安行的，只是依此良知，实落尽孝而已；学知利行者，只是时时省觉，务要依此良知尽孝而已。至于困知勉行者，蔽锢已深，虽要依此良知生孝，又为私欲所阻，是以不能。必须加人一己百、人十己千之功，方能依此良知以尽其孝。圣人虽是生知安行，然其心不敢自是，肯做困知勉行的工夫。困知勉行的，却要思量做生知安行的事，怎生得成？”（《全书》卷三）

良知虽人人同有，而其作用决不同，即考之群圣人亦然。此非由良知障蔽之有厚薄，抑所处之时势异宜也。吾人致知之要，惟在复其良知之所同然者而已。门人问：“良知一而已。文王作彖，周公系爻，孔子赞易，何以各自看理不同？”阳明曰：“圣人何能拘得死格？大要出于良知同，便各为说，何害？且各一园竹，只要同此枝节，便是大同。若拘定枝枝节节，都要高下大小一样，便非造化妙手矣。汝辈只要去培养良知，良知同更不妨有异处。汝辈若不肯用功，连笋也不曾抽得，何处去论枝节？”（《全书》卷三）

阳明尝咏良知示诸生曰：

个个人心有仲尼，自将闻见若遮迷。
而今指与真头面，只是良知更莫疑。

问君何事日憧憧？烦恼场中错用功。
莫道圣门无口诀，良知两字是参同。

人人自有定盘针，万化根源总在心。
却笑从前颠倒见，枝枝叶叶外头寻。

无声无臭独知时，此是乾坤万有基。
抛却自家无尽藏，沿门持钵效贫儿。

又中秋观月，有《良知诗》曰：

去年中秋阴复晴，今年中秋阴复阴。
百年好景不多遇，况乃白发相侵寻。
吾心自有光明月，千古团圆永无缺。
山河大地拥清辉，赏心何必中秋节！

泰西经验派之伦理学者，每不以“良知固有”之说为然。谓:“良知全系后天所生。如人婴儿之时，良心未具。及渐次长大，谈事物之经验，而良心（即良知）于是乎见焉。野蛮人与文明人之比较，亦复如是。”然兹说亦有不可立者。天下无无因而生之物，春艺其根，而后秋获其实，自然之理也。婴儿之良知，虽长大始可见，然其根必植于先天。猿猱虽被以冠裳，而终不能教化使知礼义者，本性所无也。故“良知固有”之说，未可非也。晚近进化论者，信人类与生物一系，以“人类既进至高等动物，则不当复存遗传之良心”。此其说自与儒家不同。儒家严人、禽之别，以为“人者，人也，与天壤而无穷”，不谓“由劣等动物进化”。则所谓良心者，自其人类固有之良心耳，不涉于他生物。惟佛教以一切众生，皆有佛性，略近良知固有之说云。（泰西学者每称“良心”，即良知之义，故间错举之。）

三、良知标准论

阳明以良知为百行之标准，盖良知能判断善恶。人之所以能为善去恶者，皆恃良知之力。如人无良知，亦不复能识别是非善恶矣。故凡道德之判断，无论直接、间接，皆自良知而出。故阳明良知标准论，极其详密可味也。

阳明《四言教》第三句曰:“知善知恶是良知。”盖惟良知能分别善恶，吾人判断是非，不出良知之力。故良知不啻教导吾人之明师，随其指导，则不至陷于不善。阳明申之曰:“良知原是完完全全，是的还他是，非的还他非。是非只依着他，更无有不是处。这良知还是你的明师。”(《全书》卷三)

良知为百行之规范。熟于致良知之工夫，则遇万端之节目时变，诚伪可以立判而无所惑。而不然者，未有不纷纭谬戾，劳而无功者也。故阳明曰:

> 夫良知之于节目时变，犹规矩尺度之于方圆长短也；节目时变之不可预定，犹方圆长短之不可胜穷也。故规矩诚立，则不可欺以方圆，而天下之方圆不可胜用矣；尺度诚陈，则不可欺以长短，而天下之长短不可胜用矣；良知诚致，则不可欺以节目时变，而天下之节目时变，不可胜应矣。毫厘千里之谬，不于吾心良知一念之微而察之，亦将何所用其学乎？是不以规矩而欲定天下之方圆，不以尺度而欲尽天下之长短，吾见其乖张谬戾，日劳而无成也已。(《全书》卷二)

又曰：

> 若不就自己良知上真切体认，如以无星之称而权轻重，未开之镜而照妍媸。（《全书》卷二）

盖良知之于是非善恶，如权衡之于物，明镜之于形矣。

吾人妄念之生，由于良知作用之昏蔽。良知复其明，则妄念自消。良知犹去恶成善之灵药也。故曰："人若知这良知诀窍，随他多少邪思枉念，这里一觉，都自消融。真个是灵丹一粒，点铁成金。"（《全书》卷三）又以试金石、指南针喻良知曰："这些子看得透彻，随他千言万语，是非诚伪，到前便明。合得的便是，合不得的便非。如佛家说心印相似，真是个试金石、指南针。"（《全书》卷三）盖致良知工夫透彻，则无越于他人言行之是非矣。又曰："良知只是个是非之心，是非只是个好恶。只好恶就尽了是非，只是非就尽了万事万变。"又曰："'是非'两字，是个大规矩。巧处则存乎其人。"（《全书》卷三）此以良知之是非，犹工匠之规矩。运用之妙，可以尽一切事变，亦视其技术如何耳。

人之处事，有得其宜者，有不得其宜者，由致良知工夫未精熟。果能精熟之，处事未有不当者也。然此政不易几。

陈九川尝问曰："近来工夫，虽若稍知头脑，然难寻个稳当快乐处。"阳明曰："尔却去心上寻个天理，此正所谓'理障'。此间有个诀窍。"曰："请问如何？"曰："只是致知。"曰："如何致？"曰："尔那一点良知，是尔自家的准则。尔意念着处，他是便知是，非便知非，更瞒他一些不得。尔只不要欺他，实实落落，依着他做去，善便好，恶便去。他这里何等稳当快乐！此便是格物的真诀，致知的实功。若不靠着这些真机，如何去格物？我亦近来体贴出来如此分明，初犹疑只依他恐有不足。精细看来，无些小欠缺。"（《全书》卷三）

小善积而成大善，小恶积而成大恶。故吾人工夫，当时时积聚正义，使良知本体洞然，而后判断是非，乃不致误。阳明曰："若时时刻刻，就自心上集义，则良知之体，洞然明白。自然是是非非，纤毫莫遁。"（《全书》卷二）又比良知之莹洁于明镜曰："良知常觉常照。常觉常照，则如明镜之悬。而物之来者，自不能遁其妍媸矣。"（《全书》卷二）

良知虽人人所具，而其发为作用，则人人之度量不同。虽各依其良知判断，而一事之起，或甲以为是，乙以为非，二者必有一误。孰从而正之？此世之所以难直觉论者也。阳明则曰：

> 事物之来，但尽吾心之良知以应之，所谓忠恕违道不远矣。凡处得有善、有未善，及有困顿失次之患者，皆是牵于毁誉得丧，不能实致其良知耳。若能实致其良知，然后见得平日所谓善者未必是善，所谓未善者却恐正，是牵于毁誉得丧，自贼其良知者也。（《全书》卷二）

又论判断所以误之故，或问曰："标人心所知，多有误欲作理，认贼作子处，何处乃见良知？"阳明曰："尔以为何如？"曰："心所安处，才是良知。"曰："固是。但要省察，恐有非所安而安者。"（《全书》卷二）

盖良知判断之所以误，皆由于认人欲为天理也。

吾人思虑分为二种：曰良知发用之思，曰私意安排之思是也。前者从于简易明白之天理，后者从于纷纭劳扰之利欲。惟良知能分别两者之是非正邪，亦在致之而已。故阳明曰：

> 良知是天理之昭明灵觉处。故良知即是天理，

思是良知之发用。若是良知发用之思，则所思莫非天理矣。良知发用之思，自然明白简易，良知亦自能知得；若是私意安排之思，自是纷纭劳扰，良知亦自会分别得。盖思之是非邪正，良知无有不自知者。所以认贼作子，正为致知之学不明，不知在良知上体认之耳。(《全书》卷二)

阳明又曰:“人或意见不同者，还是良知尚有纤翳潜伏。若除去此纤翳，即自无不洞然矣。”(《全书》卷二)譬如野蛮人判断善恶之意见，往往与文明人相反。非其良知之指南针不足，亦由野蛮人致良知之工夫未熟，有所蔽翳。故道德上文、野之异，全关乎良知作用之明暗强弱而已。

夫事变纷糅，是非邪正，至淆然不易理矣，惟致良知足以胜之。盖非是非邪正难于识别之足忧，而既经识别之后，不能断然舍邪取正之足忧也。故阳明曰:

欲正其心在诚意。工夫到诚意，始有着落处。然诚意之本，又在于致知也，所谓人虽不知，而己所独知者，此正是吾心良知处。然知得善，却不依这个良知便做去；知得不善，却不依这个良知便不去做，则这个良知便遮蔽了，是不能致知也。吾心良知既不能扩充到底，则善虽知好，不能着实好了；恶虽知恶，不能着实恶了。如何得意诚？故致知者，意诚之本也。（《全书》卷三）

然则知善而不能行，便是未能致良知矣。

良知若不昏昧，则其体本来宁静，判断作用，不见纷扰，其辨善恶，如明镜之照妍媸矣。故曰：“良知只是一个良知。而善恶自辨，更有何善、何恶可思？良知之体，本自宁静。”（《全书》卷二）或问：“良知原是中和的，如何却有过不及？”曰：“知得过不及处，便是中和。”（《全书》卷三）又曰：“今必曰‘穷天下之理，而不知反求诸其心’，则凡所谓善恶之机，真妄之辨者，舍吾心之良知，亦将何所致其体察乎？”（《全书》卷二）盖吾人所以辨知善恶真妄，惟恃良知。若外良知而求行为之标准，是缘木而求鱼也。

一友自叹：“私意萌时，分明自心知得，只是不能使他即去。”先生曰：“你萌时这一知处，便是你的命根。当下即去消磨，便是立命工夫。”（《全书》卷三）

盖私念之萌，良知之力，未有不能胜之者，此古人之所难也。

阳明又曰："君子之酬酢万变，当行则行，当止则止；当生则生，当死则死。斟酌调停，无非是致其良知以求自慊而已。"（《全书》卷二）大抵人之行为，合于良知则自觉其乐，不合于良知则否。故君子行止死生，一受命于良知，所以常得其乐也。

阳明又以良知为宇宙之本体曰：

> 良知是造化的精灵。生天、生地，成鬼、成帝，皆从此出，真是与物无对。人若复得他完完全全，无少亏欠，自不觉手舞足蹈，不知天地间更有何乐可代。（《全书》卷三）

又曰：

> 人的良知，就是草木瓦石的良知。若草木瓦石无人的良知，不可以为草木瓦石矣！岂惟草木瓦石为然？天地无人的良知，亦不可以为天地矣。（《全书》卷三）

又曰：

良知即是易，其为道也屡迁。变动不居，周流六虚；上下无常，刚柔相易。不可为典要，惟变所适。此知如何捉摸得？见得透时，便是圣人。(《全书》卷三）

又惜阴说曰：

天道之运，无一息之或停。吾心良知之运，亦无一息之或停。良知即天道，谓之一则犹二之矣。(《全书》卷七）

阳明之意，以良知之存在，与宇宙为终始。即伦常之粲然不乱者，亦莫不依此天理而叙之。故“良知为宇宙之根本”原理，又为哲学伦理之根柢，为自然之大法，又同时为道德律。古今圣哲之伦理书，莫非宇宙间良知之注脚也。

阳明《答人问良知诗》曰：

良知即是独知时，此知之外更无知。

谁人不有良知在？知得良知却是谁？
知得良知却是谁，自家痛痒自家知。
若将痛痒从人问，痛痒何须更问为！

又《别诸生诗》曰：

绵绵圣学已千年，两字良知是口传。
欲识浑沦无斧凿，须从规矩出方圆。
不离日用常行内，直造先天未画前。
握手临岐更何语？殷勤莫愧别离筵。

又《示诸生》曰：

尔身各各有天真，不用求人更问人。
但致良知成德业，谩从故纸费精神。
乾坤是易原非画，心性何形得有尘？
莫道先生学禅语，此言端的为君陈。

总之人心所受天理，则名良知，亦曰良心，曰道心，曰本心，曰心之本体，曰理之静，曰道，曰未发之中，曰寂然不动，曰廓然大公，为吾人一切行为之标准。故又曰试金石，曰指南针，又为善恶、是非、邪正、诚伪判别之权衡。一切之善，皆自良知出。唯致良知，乃能达于至善。舍良知而行，未有不迷罔妄作者也！古来圣贤，由此良知以成圣贤。其立教垂训，亦不过明此良知而已。即古今历史所载善恶、正邪之迹，何莫非良知判断之记录哉？行而不以良知为标准，犹不呼吸空气而求生活，末由也已。

四、致良知程度论

良知虽百行标准，然为邪欲障蔽，而不能致其知，则判断不能无误。于是良知之等，圣、愚有所不同，惟在时时去暗就明，以复其本体，即至愚之人，亦有几分善恶之知识。此为良知之仅存者，而可由是推之以至于善者也。故曰：

> 圣人之知，如青天之日；贤人，如浮云天日；愚人，如阴霾天日。虽有昏明不同，其能辨黑白则一。虽昏黑夜里，亦影影见得黑白，就是日之余光未尽处。困学工夫，亦惟从这点明处精察去耳。（《全书》卷三）

吾人先天所具良知之本体，原与圣人无异。故吾人良知，直可名之曰圣，以本体相同也。而其作用，则有圣、愚、贤、不肖之差，惟圣人为具备良知耳。然则学为圣人，舍致良知以外何由乎？故曰：

> 心之良知是谓圣。圣人之学，唯是致此良知而已。自然而致之者，圣人也；勉然而致之者，贤人也；自蔽自昧而不肯致之者，愚、不肖者也。愚、不肖者，虽其蔽昧之极，良知又未尝不存也。苟能致之，即与圣人无异矣。此良知所以为圣、愚之同具，而人皆可以为尧、舜者以此也。是故致知之外无学矣。（《全书》卷八）

至于各人致良知工夫，有难易之差者，由邪欲锢蔽之有厚薄。然虽邪欲锢蔽之极，而良知之灵明犹不全泯。但使改其愚恶之心，则立复其光曜不难也。故曰：

“良知原是精精明明的。如欲孝亲，生知安行的，只是依此良知实落尽孝而已；学知利行者，只是时时省觉，务要依此良知尽孝而已。至于困知勉行者，蔽锢已深，要依此良知去孝，又为私欲所阻，是以不能。必须加人一己百、人十己千之功，方能依此良知以尽其孝。”（《全书》卷三）又曰：“孩提之童，无不知爱其亲，无不知敬其兄。只是这个灵能，不为私欲遮隔，充拓得尽，便完全是他本体，与天地合德。自圣人以下，不能无蔽，故须格物以致其知。”（《全书》卷一）盖加以格物之功，则良知自明，是去蔽合德之道也。

良知虽固有之，然知愈致则愈明。故曰：“天理在人心，亘古亘今，无有终始。天理即是良知，千思万虑，只是要致良知，良知愈思愈精明。若不精思，漫然随事应去，良知便粗了。”（《全书》卷三）盖良知既粗，以此判断事物，或至颠倒善恶也。

致良知之工夫，愈勉愈进，日异而月不同。崇一曰：“先生致知之旨，发尽精蕴，看来这里再去不得。”阳明曰：“何言之易也？再用功半年看如何？又用功一年看如何？工夫愈久，愈觉不同，此难口说。”（《全书》卷三）盖其间消息，全存于心悟，而非言语所可形容也。

致良知工夫，虽日进不已，亦当循序。故曰：“我辈致知，只是各随分限所及。今日良知见在如此，只随今日所知扩充到底；明日良知亦有开悟，便从明日所知扩充到底。如此方是精一工夫。”（《全书》卷三）盖致知之境，须渐悟渐扩，不可间断，亦不可躐等也。

又曰:“若良知之发，更无私意障碍，即所谓充其恻隐之心而仁不可胜用矣。然在常人不能无私意障碍，所以须用致知格物之功，胜私复理。即心之良知更无障碍，得以充塞流行，便是致其知。知致则意诚。”(《全书》卷一)此见常人当用力以去良知之障碍而复其本体也。

由良知本体而论，则圣人不为有余，而童子不为不足。故格物致知之功，人人可勉而至。凡一言一行，皆格物致知之机也。门人有言邵端峰论童子不能格物，只教以洒扫应对之说。阳明曰:“洒扫、应对，就是一件物。童子良知只到此便教去洒扫、应对，就是致他这一点良知了。又如童子知畏先生、长者，此亦是他良知处。故虽嬉戏中见了先生、长者，便去作揖恭敬，是他能格物以致敬师长之良知了。童子自有童子的格物致知。”又曰:“我这里言格物，自童子以至圣人，皆是此等工夫。但圣人格物，便更熟得些子，不须费力。如此格物，虽卖柴人亦做得。虽公卿、大夫，以至天子，皆是如此做。”(《全书》卷三)

阳明“致良知”说，多就一事一物上言。则或疑于但致一节之良知，而非全体之良知。

黄以方问:“先生格致之说，随时格物以致其知。则知是一节之知，非全体之知也，何以到得溥博如天渊泉如渊地位？”阳明曰：“人心是天渊。心之本体，无所不该，原是一个天，只为私欲障碍，则天之本体失了；心之理无穷尽，原是一个渊，只为私欲窒塞，则渊之本体失了。如今念念致良知，将此障碍窒塞，一齐去尽，则本体已复，便是天渊了。”乃指天以示之曰：“比如面前天是昭昭之天，四外天也是昭昭之天，只为许多房子墙壁遮蔽，便不见天之全体。若撤去房子墙壁，总是一个天矣。不可道眼前天是昭昭之天，外面又不是昭昭之天也。于此便见一节之知，即全体之知；全体之知，即一节之知。总是一个本体。”（《全书》卷三）

由以上所述者论之，则阳明以为：“虽圣人不无致知工夫。虽至愚之人，而良知之本体不失，故使至愚者，能致知以向善，亦可进于贤。不过其工夫较烦难，须自勉强耳。惟圣人之致知，用力极少，谓之生知安行。然自道德之方面观之，则人类之等差，无不视其致良知之程度何如也！”

五、致良知工夫论

阳明说：“致良知之工夫极详密。今约言之，则有动、静二种：静之工夫，不外读书慎独静坐等；动之工夫，则在事实磨炼，辅以社会之经验。动、静二者，皆致良知之要也。”

致良知工夫包括：

（一）静之工夫——静坐澄心（读书慎独）

（二）动之工夫——事实磨炼（实地经验）

动静二者之工夫，虽当兼行并进，然亦有辨。当闲暇无事，宜加意于静之工夫，以免精神外驰。至于应接事物，非有动之工夫，无以征其素养。故二者相须而不可离。其名则“致良知”，其事则“去人欲存天理”。今次而论之。

阳明龙场大悟以后，三十九岁时，赴庐陵县知县任，途次喜见门人俱能有所卓立。尝曰：

> 谪居两年，无可与语者。归途乃幸得诸友。悔昔在贵阳举知行合一之教，纷纷异同，罔知所入。兹来乃与诸生静坐僧寺，使自悟性体，顾恍恍若有可即者。

既又途中寄书曰：

> 前在寺中，所云静坐事，非欲坐禅入定也。盖因吾辈平日为事物纷拏，未知为己，欲以此补小学收放心一般工夫耳。（《年谱》卷一）

观此则阳明所以用静之工夫之意，即所谓静坐者，盖将以收放心，而非学禅定也。

阳明居滁以后，以静坐教人。则又以矫学者之病，旋复悟其流弊。一友静坐有见，驰问。阳明答曰：

> 吾昔居滁时，见诸生多悟知解。口耳异同，无益于得。姑教之静坐，一时窥见光景，颇收近效。久之渐有喜静厌动，流入枯槁之病。或务为玄解妙觉，动人听闻。故迩来只说致良知。良知明白，随你去静处体悟也好，随你去事上磨炼也好。良知本体，原是无动无静的，此便是学问头脑。（《全书》卷三）

又《年谱》曰：

阳明四十二时，客有道自滁游学之士，多放言高论，亦有渐背师教者。

阳明曰：

吾年来欲惩末俗之卑污，引接学者，多就高明一路，以救时弊。今见学者渐有流入空虚，为脱落新奇之论，吾已悔之矣。故南畿论学，只教学者存天理、去人欲，为省察克治实功。

然则阳明教人静坐，不过就一时之方便，引之于高明，及见其弊，则更使之向去人欲存天理之实功。所谓省察克治，通于动静，亦即重在事上磨炼者也。

阳明有时以静之工夫，易流于放溺，不如事上磨炼，故曰："人须在事上磨炼做工夫。若只好静，过事便乱，终无长进。那静时工夫亦差似收敛，而实放溺也。"（《全书》卷三）

阳明初时教人静坐，本与禅学有别。孟源问："静坐中思虑纷杂，不能强禁绝。"阳明曰："纷杂思虑，亦强禁绝不得，只就思虑萌动处省察克治。到天理精密后，有个物各付物的意思，自然精专，无纷杂之念。《大学》所谓'知止而后有定’也。”(《年谱》)盖静坐必禁绝思虑，如枯木槁灰，便是禅学矣。

如上所述，阳明以动、静二种工夫，教导后进。而阳明平生进德修业之要，亦自不出乎此。盖中年以前，求禅谒道，习静于阳明洞。以至龙场大悟，一洗荣辱富贵之念，皆是静之工夫。至于中年以后，征讨乱贼，事功卓然，则又多从事于动之工夫也。

若以动静二者相较，则静之工夫尤易行。阳明以读书亦静之工夫之一。

> 问："读书以调摄此心，不可缺的。但读之之时，一种科目意思，牵引而来，不知何以免此？"阳明曰："只要良知真切，虽做举业，不为心累，总有累亦易觉，克之而已。且如读书时，良知知得强记之心不是？即克去之。有欲速之心不是？即克去之。有夸多斗靡之心不是？即克去之。如此亦是终日与圣贤印对，是个纯乎天理之心。任他读书，亦只是调摄此心而已。何累之有？"(《全书》卷三)

所谓"读书调摄此心"及"与圣贤印对"，即是古人欲存天理之工夫也。

阳明又以时习之要为谨独。其《与黄勉之书》曰:“时习之要，只是谨独。谨独即是致良知。”(《全书》卷五）又曰:“能戒慎恐惧者，是良知也。”(《全书》卷二）盖儒家修身，最重慎独。《大学》《中庸》，皆申此旨。能于不睹不闻之地，而戒慎恐惧，即能致良知矣。

静之工夫纯熟之后，则接于事物，不须防检，而真性自全。故曰:“不睹不闻，是良知本体；戒慎恐惧，是致良知工夫。学者时时刻刻，常睹其所不睹，常闻其所不闻，工夫方有个实落处。久久成熟后，则不须着力，不待防检，而真性自不息矣。岂以在外者之闻见为累哉？”(《全书》卷三）此言静之工夫，与动之工夫相为表里也。

然静之工夫，虽为修养所不可缺，终属于消极方面，不如动之工夫之有实效。故阳明平日教人静坐，多出于矫其卑污驳杂之弊。若无动之工夫，则不能精到周密。故学者尤要加意于日用闻见之间，乃是致良知之达道耳。故曰:“大抵学问工夫，只要主意头脑是当。若主意头脑专以致良知为事，则凡多闻、多见，莫非致良知之功。盖日用之间，见闻酬酢，亦无良知可致矣。”(《全书》卷二）

动之工夫，虽有实效，而行之极难。盖事物之足相诱惑者，杂出于前。此际工夫，尤要着力也。譬如声色货利，世人之所共欲，亦不可谓其在良知之外。惟良知精明，始不为所蔽耳。学者问曰："声色货利，恐良知亦不能无。"阳明曰："固然。但初学用功，却须扫除荡涤，勿使留积。则适然来遇，始不为累，自然顺而应之。良知只在声色货利上用工。能致得良知，精精明明，毫发无蔽，则声色货利之交，无非天则流行矣。"（《全书》卷三）

然则阳明动之工夫，在致知格物，使吾良知精明，是根本为学之法也。故又曰："吾教人致良知，在格物上用功，却是根本的学问。日长进一日，愈久愈觉精明。"（《全书》卷三）

以上于阳明所言动、静二者之工夫，既略述之矣。然工夫之至，则动、静一贯，良知精明之体常存。尝曰："良知在夜气发的，方是本体，以其无物欲之杂也。学者要使事物纷扰之时，常如夜气一般，就是通乎昼夜之道而知。"（《全书》卷三）又九川问："近年因厌泛滥之学，每要静坐求屏息念虑，非惟不能，愈觉扰扰如何？"先生曰："念如何可息？只是要正。"（《全书》卷三）盖阳明所谓静，非主于枯寂，惟在思虑中见其正耳，是动静一贯之工夫也。

静之工夫，邻于独善。初学为之，虽暂得宁静，及遇事物纷扰，或不能堪。故工夫非通于动静，不足多也。有问："静时亦觉意思好，才遇事便不同。如何？"阳明曰："是徒知善静，而不用克己工夫也。人须在事上磨，方立得住，方能静亦定、动亦定。"（《全书》卷一）然则致良知之功，必要有兼融动、静之妙矣。

盖动之工夫，视静为尤亟。吾人一举一动，以至应、接、闻、见之际，无非致良知之机会。虽声色货利，可以陷溺人，而良知之精明，即在此可见。不遇错节盘根，无以别利器。学者欲致良知，能不于动之工夫加勉乎？

六、良知与行为之关系

阳明尝谓："心之体即良知之体，心之用即良知之用。"故良知与行为之关系，亦当自心之作用上析之。《中庸》尝以知、仁、勇为天下之达德，是三者，心之作用所生者也。

心之三作用包括：

（一）知——知

（二）情——仁

（三）意——勇

上述三者为儒教之三达德。

近世良心固有论者，或以良心为知之作用，或以为情之作用，或以为意之作用，其说各蔽于一端。今阳明以良知之体用，即心之体用，不能超然体用之外，则心之三作用，固同时即良知之三作用也。请以阳明之说证之。

一曰意。阳明曰："心之虚灵明觉，即所谓本然之良知也。其虚灵明觉之良知，应感而动者谓之'意'。"（《全书》卷二）是良知之应感而动者，即意之分子也。又曰："能戒慎恐惧者，是良知也。"（《全书》卷二）良知能戒慎恐惧，有使人不为恶之作用。盖于已行之后，而戒其将来，有命令之意，然亦可以戒之于行为未著之前。如曰："人若知这良知诀窍，随他多少邪思枉念，这里一觉，都自消融。"（《全书》卷三）良知之精明，能遏止邪思枉念，即行为之前意之分子之命令作用矣。

二曰情。阳明谓："良知只是一个天理。自然明觉发现处，只是一个真诚恻怛，便是他本体。"（《全书》卷二）"真诚恻怛"，即行为前情之分子之发现者。又曰："人于寻常好恶，或亦有不真切处。惟是好好色、恶恶臭，则皆是发于真心，自求快足，无纤假者。"（《全书》卷五）此良知能示好恶，是行为前后情之分子之作用，即美恶及快与不快之感也。又曰:“虽小人之为不善，既已无所不至，然其见君子，则必厌然掩其不善而著其善。”(《全书》卷二十六)小人见君子而有悔恨惭愧之情，此即行为后情之分子之感动也。又曰:“所恶于上是良知，毋以使下，即是致知。”(《全书》卷三)此即情之分子之感触，亦所以对于上下之人者也。又曰:“见孺子之人井，必有恻隐之理。”(《全书》卷三)此良知所发怜悯之情，即行为前情之分子之感触也。又曰:“若良知之发更无私意障碍，即所谓充其恻隐之心，而仁不可胜用矣。”(《全书》卷一)此亦示行为前情之分子感触之作用也。

三曰知。阳明曰:“良知常觉常照。”(《全书》卷二)又曰:“知善知恶是良知。”(《全书》卷三)又曰:“若时时刻刻就自心上集义，则良知之体，洞然明白。自然是是非非，毫纤莫遁。”(《全书》卷二)此皆良知中知之分子行为前之作用。盖良知精白，则于判断是非无误。然此作用，又能于行为之后，为之评其得失。故曰:“凡所谓善恶之机，真妄之辨者，舍吾心之良知，亦将何所致其体察乎?”(《全书》卷二)又曰:“孟子曰:‘是非之心知也。’‘是非之心’，人皆有之，即所谓良知也。”(《全书》卷五)又曰:“这些子看得透彻。(‘子’指良知)随他千言万语，是非诚伪，到前便明。合得的便是，合不得的便非。”(《全书》卷三)以上并论行为后知之作用矣。又综论之曰:“尝试于喜怒忧惧之感发也。虽动气之极，而吾心良知一觉，即罔然消阻。或遏于初，或制于中，或悔于后。”(《全书》卷二)

今据阳明之说，下良知之定义曰:“良知之体，即心之昭明灵觉是也。良知之用，即昭明灵觉之心，即知情意之三作用，对于行为而发现者也。”

良知各分子与行为之关系如下:

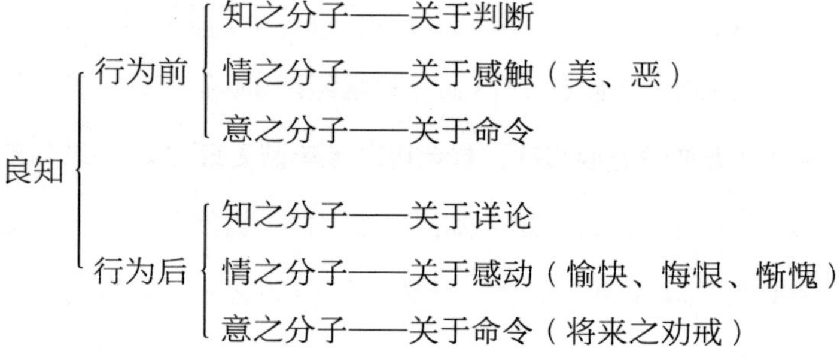

阳明学说相互之关系

“心即理”说，“知行合一”说，“致良知”说，为阳明学之三纲领。“心即理”说，承之象山。其倡自何岁，莫可详考。大抵持此说最早，其余可以《年谱》证之如下：

正德三年，阳明三十七岁，始悟“格物致知”。

正德四年，阳明三十八岁，始论“知行合一”。

正德十六年，阳明五十岁，始揭“致良知”之教。

阳明所以立言垂训，虽与年岁并进，有繁简之不同。然大抵因被教者之材器，与处时之异，而后乃倡一适宜之说焉。如其论致良知动静之工夫曰：“良知本体，原是无动无静的，此便是学问头脑。我这个话头，自滁州到今，亦较过几番，只是‘致良知’三字无病。医经折肱，方能察人病理。”（《全书》卷三）盖阳明教人方法屡变，最后乃揭出“致良知”，以为不可易之法，亦是由经验而得也。

阳明自初年至晚年教人之方法，虽不无小变，然其说莫不相关。非前日倡一说，而后日弃之，又别倡一说也。即所标之三纲领，不并出于一时，其理皆首尾贯属，以发扬心学之奥，惟应于时机。直至晚年，而王学一家之体系始完耳。阳明在龙场“悟格物致知”，实立一生学术之本。至其所悟如何，殊无详证。要之必待悟得“致良知”“心即理”“知行合一”三者之后，阳明于格物致知之解释，乃益臻融彻矣。

欲致良知，不可无“格物”之功；欲格事事物物之理，不可不知“心即理”之说。阳明尝论“致知”“格物”与“致良知”及“心即理”之关系曰：“若鄙人所谓致知格物者，致吾心之良知于事事物物也。吾心之良知，即所谓天理也。致吾心良知之天理于事事物物，则事事物物皆得其理矣。致吾心之良知者，致知也；事事物物皆得其理者，格物也。是合心与理而为一者也。”（《全书》卷二）

然非言“知行合一”，又无以见“心即理”之功。故欲“致良知”，不可缺“心即理”与“知行合一”之二者。阳明尝曰：“外心以求理，此知行之所以二也；求理于吾心，此圣门知行合一之教。”（《全书》卷二）盖由“心即理”而言，则吾人行事之际，将判断善恶，以立正当之标准，必有恃于良知；欲良知之示此标准，不可无致良知之功；即致良知而不行，又无以见“心即理”之效。此可证三纲领之相须而不可离也。

阳明又曰：

> 知不行之不可以为学，则知不行之不可以为穷理矣；知不行之不可以为穷理，则知知行之合一并进而不可以分为两节事矣。夫万事万物之理，不外于吾心，而必曰穷天下之理。是殆以吾心之良知为未足，而必外求于天下之广，以裨补增益之，是犹析心与理为二也。夫学问、思辨、笃行之功，虽其困勉至于人一己百，而扩充之极，至于尽性知天，亦不过致吾心之良知而已。良知之外，岂复有加于毫末乎？今必曰穷天下之理，而不知反求诸其心，则凡所谓善恶之机，真妄之辨者，舍吾心之良知，亦将何所致其体察乎？（《全书》卷二）

此言三纲领之关系，至深切著明矣。

天理人欲论

阳明之学，虽有“心即理”“知行合一”“致良知”等之三纲领，而皆以为去人欲、存天理之用。故“去人欲、存天理”六字，是阳明学之主旨也。冯柯《求是编》曰：“阳明之学，只在‘致良知’，只在‘去人欲、存天理’。千言万语，皆是此意。然则欲明阳明之学，不可不先究天理、人欲之意义。”（案：“天理人欲”之语，宋以前学者罕用之。）程明道尝曰：“吾学虽有所受，‘天理’二字，却是自家体贴出来。”（《二程全书》卷三十九）明道又曰：“人心莫不有知。惟蔽于人欲，则亡天理也。”（《全书》卷十二）惟陆象山独以“天理人欲”之语出自老氏，深不取之，与阳明异。其说曰：“‘天理人欲’之言，亦不是至论。若天是理，人是欲，则天人不同矣。此其原盖出于老氏。《乐记》曰：‘人生而静，天之性也；感于物而动，性之欲也。物至知之，而后好恶形焉。不能反躬，天理灭矣。’‘天理人欲’之言，盖出于此。《乐记》之言，亦根于老氏。”（《象山语录》）象山谓《乐记》语亦出老氏，此姑不具论。要自宋以后，则学者沿为常语，阳明亦然矣。

与“天理人欲”异语同义者，则《尚书·大禹谟》有“人心惟危，道心惟微”之语。《大禹谟》是拟古文，已有定论。其余惟《荀子·解蔽》篇有“人心之危”“道心之微”二语，引《道经》，然《道经》未详何书。自宋明儒者，无不以“人心”“道心”为重要术语，殆无间于程、朱、陆、王。今举阳明论人心、道心之关系于此曰：“心一也。未杂于人，谓之道心；杂以人伪，谓之人心。人心之得其正者即道心，道心之失其正者即人心。初非有二心也。”（《全书》卷一）又曰：“程子谓‘人心即人欲，道心即天理’，若分析而意实得之。”（《全书》卷一）是“人心”“道心”，即人欲、天理也。

阳明又因程子之意，以论天理、人欲之关系曰：“天理、人欲不并立，安有天理为主，人欲又从而听命者？”（《全书》卷一）盖“人欲”“天理”，即人心、道心。人心、道心，初非有二，不过一心之发动有二方面而已。此谓天理、人欲不并立者，亦以天理存则人欲灭，人欲胜则天理不可得见，皆一心之作用也。

又论天理与良知之关系曰："天理之在人心，终有所不可泯。而良知之明，万古一日。"（《全书》卷二）是以天所赋与人心之理，即良知也。故又曰："吾心之良知，即所谓天理也。"（《全书》卷二）又于论格物穷理，以"天理即是明德"。（《全书》卷一）盖阳明以明德为良知，故又以之为天理也。

至于阳明"去人欲、存天理"之说，则以为圣人述《六经》，亦本此意。故曰："圣人述《六经》，只是要正人心，只是要存天理、去人欲"。（《全书》卷一）又与门人论立志曰："只念念要存天理，即是立志。能不忘乎此，久则自然心中凝聚，犹道家所谓结圣胎也。"（《全书》卷一）又以此为作圣之功，其示弱弟立志说曰："圣人之所以为圣人，惟以其心之纯乎天理而无人欲。则我之欲为圣人，亦惟在于此心之纯乎天理而无人欲耳！"（《全书》卷十七）又《答陆原静书》曰："必欲此心之纯乎天理，而无一毫人欲之私，则作圣之功也。"（《全书》卷二）又比圣于金曰："圣人之所以为圣，只是其心纯乎天理而无人欲之杂，犹精金之所以为精，但以其成色足而无铜铅之杂也。"（《全书》卷一）又论此为为学之要曰："学是学去人欲、存天理。从事于去人欲、存天理，则自正诸先觉。考诸古训，自下许多问辨、思索、存省、克治工夫，然不过欲去此心之人欲，存吾心之天理耳。"（《全书》卷一）又以天理论圣贤曰："圣贤非无功业气节。但其循着这天理，则便是道，不可以事功气节名矣。"（《全书》卷三）又就事上磨炼以论天理曰："昏暗之士，果能随事随物精察此心之天理，以致其本然之良知，则虽愚必明，虽柔必强。"（《全书》卷二）又由消极以示精察天理之必要曰："任情恣意之害，亦以不能精察天理于此心之良知而已。"（《全书》卷二）又以天理人欲，随吾人修养而递次消长曰："吾辈今日用功，只是要为善之心真切。此心真切，见善即迁，有过即改，方是真切工夫。如此人欲日消，天理日明。"（《全书》卷一）又曰："吾辈用功，只求日减不求日增。减得一分人欲，便复得一分天理。"（《全书》卷一）冯柯《求是编》以此语未免有失。盖天理犹元气也，人欲犹邪气也，人惟耗损其元气，则邪气入之而为疾矣。治疾者不攻其邪气，则元气固无可复之理。然使邪气既退之后，而所以调摄将养者，不加之意，则其元气亦必不能充满而积实也。虽然，冯氏之言，未为得实。阳明所云治疾者，为无疾之人而言，故但由消极之治察以减人欲，同时即得由积极之涵养以复天理。其消息转移之间，原为一贯之工夫。冯氏之见，则二之矣。

阳明又尝论去人欲、存天理之工夫曰：“人若真实切己，用功不已，则于此心天理之精微，日见一日，私欲之细微，亦日见一日。”（《全书》卷一）又言去人欲工夫之难曰：“天理、人欲其精微，必时时用力省察、克治，方日渐有见。如今一说话之间，虽口讲天理，不知心倏忽之间，已有多少私欲。”（《全书》卷一）又与门人论主一无适曰：“主一是专主一个天理。”（《全书》卷一）

阳明讲学，以简易直截、融通合一为主，故所论恒在大体之同然。而琐屑细故，则非所亟。如以天理为良知，为明德，为道心，而未尝详说其名义异同所以然之故。即如“天理”一语，自古习用。阳明亦未叙其字义之沿革，易使学者望文生疑。今当略一考之。

与“天理”相反者，“人欲”是也。何谓天？何谓理？世人多习而不察。此事诚不易明。阳明书中，言天及天理尤众。兹姑即阳明之言，而推寻天之意义。自来言天者，其义有二：一就其有象者而言；一就其无象者而言。有象者指其形体，如《说文》曰：“天，颠也，至高无上，从一大。”此言天之形象，最高、最大，谓之“至高无上”，是为人类最初对于有象之天之观念。以次复生五种象：第一，其象灿然光明；第二，其体悠然邈远，不知其极；第三，其体广大，巍巍荡荡然；第四，其体最高，覆人类万物；第五，其体有奇异幻怪之象。以上五种，学者恒取其义以喻天，见于古书者众矣。若夫无象之天，亦分二种：有有灵者，有无灵者。"有灵"为主宰之天，其原有二：第一，天变地异；第二，生生之妙用。是宗教观念所由出。人仰其灵，则礼而祀之，尊之曰上天，曰上帝，曰神，此无象而有灵者也。无象而无灵之天，亦有二种：曰命，曰理。二者相因而起，先是命之为义，亦原于主宰之天。以人生吉凶、祸福、夭寿、贫富，皆天所定。然有信天之主宰万物，而不信运命者，墨子、荀子是也。于是渐有"天理"之说，宋明之儒者尤好言之。盖以理之意义附于天，则天之名自宗教性质而转为哲学性质矣；盖统自然之法则，人间之原理焉。故大别之：有象之天一，无象之天二；有灵之天一，无灵之天二。有象之天，形体天也；有灵之天，主宰天也；无灵之天，定命天也，理法天也。形体之天，无论矣。主宰之天，宗教家言之；理法之天，哲学家言之。至于定命之天，则属宗教、哲学者，时兼言之也。

如今阳明所谓"天理"，即前理法之天，是天之理也，是充满宇宙间万物所以生成之理也。先于阳明，善说此理者，莫如陆象山。象山《与朱济道书》曰："此理在宇宙间，未尝有隐遁。天地之所以为天地者，顺此理而无私焉耳！人与天、地并而为三极，安得自私而不顺理哉？”（《象山集》卷十一）又《与吴子嗣书》曰：“此理充塞宇宙，天地鬼神且不能违异，况于人乎？”（《象山集》卷十一）又曰：“宇宙之间，典常之昭然，伦类之灿然，果何适而无其理也？”（《象山集》卷三十二）此专就理之充塞宇宙者言之也。然此理如何而进存于人心耶？象山以为是天之所赋，以为百行之标准者也。故《与曾宅之书》曰：“此理本天所以与我，非由外铄。明得此理，即是主宰。真能为主，则外物不能移，邪说不能惑。”（《象山集》卷一）盖理在吾心，自先天而有，故能为主宰，以扞物欲。象山十四五岁时，觉宇宙便是吾心，吾心即是宇宙，遂倡“心即理”说，亦此意也。阳明慕象山之学，以“致良知”为本。其所谓“天理”，即天所赋于人心之理，即宇宙之无上大法，即《易》所谓一阴一阳之道，即人心所受之良知。道心也，明德也，皆是物也。人欲为良知、道心、明德之障碍，故卒断然以去人欲、存天理为为学之要。此其所由来者矣。

四句教

四句教为阳明学之要诀。王龙溪《天泉证道纪》曰："阳明夫子之学，以良知为宗。然与门人论学，提四句为教法。"（《王龙溪全集》卷一）四句教最为王学中所重。前二句意义深远，后人或致诽议，即忠于王学。如刘念台，亦疑四句教为王龙溪创说。今关于四句教议论之可证者，惟钱德洪所编之《传习录》下卷、《王阳明年谱·嘉靖丁亥纪事》（并见《全书》）及《王龙溪集·天泉证道纪》而已。而三书所载，语有小异，义则并同。兹撮其要者于下，可以观焉。

《年谱》曰：

> 嘉靖六年，阳明五十六岁，在越。五月，兼都察院左都御史，命征思、田二州。六月，疏辞不

允。九月发越中，将上途，与钱绪山（即德洪）、王龙溪论学。

汝中即龙溪举先生四句教曰：

> 无善无恶是心之体，有善有恶是意之动。
>
> 知善知恶是良知，为善去恶是格物。

四句教又曰“四句诀”，《传习录》与《龙溪集》全揭四句，《年谱》仅揭后二句。绪山以此四句，为阳明教人定本；龙溪则以非究竟之教言，盖方便法也。其说亦不同，今列诸说于下。

《传习录》曰：

> 汝中（王畿）曰：“此恐未是究竟话头。若说心体无善无恶，‘意’亦无善无恶的意，‘知’亦无善无恶的知，‘物’是无善无恶的物矣。若说意有善恶，毕竟心体还有善恶在。”德洪曰：“心体是天命之性，原是无善无恶的。但人有习心，意念上见有善恶在。格致诚正修，此正是复那性体工夫。若

原无善恶，工夫亦不须说矣。(《全书》卷三十四)

《年谱》曰：

鐖曰："心体既是无善无恶，意亦是无善无恶，知亦是无善无恶，物亦是无善无恶。若说意有善有恶，毕竟心亦未是无善无恶。"德洪曰："心体原来无善无恶。今习染既久，觉心体上见有善有恶。为善去恶，正是复那本体工夫。若见得本体如此，只说无工夫可用，恐只是见耳。"(《全书》卷三十四)

《王龙溪全集》曰：

夫子（阳明）立教随时，谓之权法，未可执定。体用显微，只是一机；心意知物，只是一事。若悟得心是无善无恶之心，意即是无善无恶之意，知即是无善无恶之知，物即是无善无恶之物。盖无心之心则藏密，无意之意则应圆，无知之知则体寂，无物之物则用神。天命之性，粹然至善，神感神应，其机自不容已。无善可应，恶固本无，善亦

> 不可得而有也。是谓“无善无恶”。若有善有恶，则意动于物，非自然之流行，著于有矣。自然流行者，动而无动；著于有者，动而动也。意是心之所发。若是有善有恶之意，则知与物一齐皆有，心亦不可谓之无矣。绪山子谓：“若是是坏师门教法，非善学也。”先生（龙溪）谓：“学须自证自悟，不从人脚根转。”若执着师门权法，以为定本，未免滞于言诠，亦非善学也。（《龙溪集》卷一）

德洪、汝中二子，皆王门高弟，流播王学，其功甚伟。然二子资性不同，其所悟入，亦各因其性之所近。德洪之说，确实分明；汝中之说，高远玄妙，非静思熟考，难索解人。当二子辩论之后，汝中谓德洪曰：“明日先生将启两广之行，晚可同进请问。”是日夜分，客始散，阳明将入内。闻德洪、汝中候立庭下，阳明复出，移席天泉桥上。于是德洪、汝中举辩论之词请正。阳明喜曰：“我将行，正要汝等来讲破此意。”然阳明为之剖判之语，《传习录》《年谱》《龙溪集》所记各有不同，今比列三书所载阳明语于下。

《传习录》曰：

二君之见，正好相资为用，不可各执一边。我这里接人，原有此二种。利根之人，直从本源上悟入。人心本体，原是明莹无滞的，原是个未发之中。利根之人，一悟本体，即是工夫，人己、内外一齐俱透了。其次不免有习心在，本体受蔽，故且教在意念上实落为善去恶。工夫熟后，渣滓去得尽时，本体亦明尽了。汝中之见，是我这里接利根人的；德洪之见，是我这里为其次立法的。二君相取为用，则中人上下，皆可引入于道。若执一边，眼前便有失人，便于道体各有未尽。（《全书》卷三）

《年谱》曰：

二君之见，正好相取，不可相病。汝中须用德洪工夫，德洪须透汝中本体。二君相取为益，吾学更无遗念矣。德洪请问，先生曰："有只是你曰有。良知、本体，原来无有。本体只是太虚。太虚之中，日月、星辰、风雨、露雷、阴霾、曀气，何物不有？而又何一物得为太虚之障？人心本体，亦复如是。太虚无形，一过而化，而何费纤毫气力？

德洪工夫须要如此，便是合得本体工夫。”畿请问，先生曰：“汝中见得此意，只好默默自修，不可执以接人。上根之人，世亦难遇。一悟本体，即是工夫。物我内外，一齐尽透。此颜子、明道不敢承当，岂可轻易望人？”（《全书》卷三十四）

《龙溪集》曰：

夫子（阳明）曰：“正要二子有此一问，吾教法原有此两种。‘四无’之说，为上根人立教；‘四有’之说，为中根以下人立教。上根之人，悟得无善无恶心体，便从无处立根基。意与知物，皆从无生，一了百当。即本体便是工夫，易简直截，便无剩欠，顿悟之学也。中根以下之人，未尝悟得本体，未免在有善有恶上立根基。心与知物，皆从有生。须用为善去恶工夫，随处对治，使之渐渐入悟。从有以归于无，复还本体，及其成功一也。世间上根人不易得，只得就中根以下立教，通此一路。汝中所见，是接上根人教法；德洪所见，是接中根以下人教法。汝中所见，我久欲发，恐人信不及，徒增躐等之病，故含蓄到今，此是传心秘藏，颜子、明道所不敢言者。今既已说破，亦是天机该发泄时，岂容复秘？然此中不可执着。若执‘四无’之见，不通得众人之意，只好接上根人，中根以下人，无从接授；若执‘四有’之见，认定意是有善有恶的，只好接中根以下人，上根人亦无从接授。但吾人凡心未了，虽已得悟，仍当随时用渐修工夫。不如此，不足以超凡入圣，所谓上乘兼修中、下也。汝中此意，正好保住，不宜轻以示人。概而言之，反成漏泄。德洪却须进此一格，始为玄通。德洪资性沉毅，汝中资性明朗，故其所得，亦各因其所近。若能互相取益，使吾教法上下相通，始为善学耳。”（《龙溪集》卷一）

德洪之见，浅近着实，适用于中根人；汝中之“四无”说高远，适用于上根人。上根之人，世难数遇。阳明以二子之见，皆其教系之一部，不可偏废。后儒非难“四有”说，由于不解阳明之真意，故记阳明申四句教之义以告二子者如下。

《传习录》曰：

既而曰："以后与朋友讲学，切不可失了我的宗旨：无善无恶是心之体，有善有恶是意之动；知善知恶是良知，为善去恶是格物。只依我这话头，随人指点，自没病痛。此原是彻上彻下工夫。利根之人，世亦难遇。本体工夫，一悟尽透。此颜子、明道所不敢承当，岂可轻易望人？"（《全书》卷三）

《年谱》曰：

二君以后与学者言，务要依我四句宗旨："无善无恶是心之体，有善有恶是意之动；知善知恶是良知，为善去恶是格物。"以此自修，直跻圣位；以此接人，更无差失。畿曰："本体透后，于此四句宗旨何如？"先生曰："此是彻上彻下语。自初学以至圣人，只此工夫。初学用此循循有入，虽至圣人，穷究无尽。尧、舜精一工夫，亦只如此。"先生又重嘱咐曰："二君以后，再不可更此四句宗旨。中有上、下，无不接着。我年来立教，亦更几番。今始立此四句。"（《全书》卷三十四）

《王龙溪集·天泉证道纪》，以“四无”说适于导上根人，不适于中根以下人，“四有”说适于中根以下人，不适于上根人，两说相待而用。惟“四无”说不可轻以示人，但未言“四有”说为彻上彻下之教，以后可据以导人。故今备录《传习录》及《年谱》之说，以见阳明真意所在。于是阳明又谓:“人有习心，不在良知实用为善去恶工夫。则一切事为俱不着实，不过养成虚寂而已。此个病痛，岂是小小！不可不早说破！”是日德洪、汝中俱有省，王学者亦自是知所适从。故《天泉证道纪》之末，以为自此海内相传天泉证悟之论，道脉始归于一。盖“四有”说为当日师弟所同契。至汝中之“四无”说，则但可接上智，故戒令秘之，“此后汝中亦惟以‘四有’说教人”云。

阳明殁后，明代学者，颇多论及四言教。征《明儒学案》所记，至十数人之多。今不能悉引，惟就其最著，略举一二焉。

周汝登，字继元，号海门。问道于罗近溪，官至南京尚宝司卿。南都旧有讲学会，万历二十年前后，会众尤盛。一日拈《天泉证道》一篇，相与阐发，座上许敬庵未深契之。明日，敬庵出九条目，命曰“九谛”，以示会中。海门复以“九解”，天泉宗旨益明。敬庵，名孚远，字孟仲，官至南京工部尚书，亦信良知学。

敬庵谓：“古经传皆说善。性无善无不善，则告子说，孟子深辟之。今一切舍置，一以无善无恶为宗，是经传皆非也。”海门则谓：“维世范俗，固以为善去恶为堤防。尽性知天，必以无善无恶为究竟。无善无恶，即为善去恶而无迹；为善去恶，悟无善无恶而始真。教本相通而不相悖，语本相济而不相非。此天泉证道之大较也！今以无善无恶为非者，岂见谓无善则虑入于恶耶？不知善且无，更何有于恶？无病则不须疑病，岂见谓无善则善少耶？不知恶既无，善不少再立，头以上不可安头，故一物难加者本来之体。两头不并立者，妙密之言。是为厥中，是为一贯，是为至诚，是为至善。圣学如是而已。经传中含‘善’字，固由善恶对待者多。至心性所发之处，善率不与恶对。如中心安仁之‘仁’，不与忍对；主静立极之‘静’，不与动对。《大学》于‘善’上加一‘至’字，尤自可见。荡荡难名为至治，无得而称为至德。他若至仁、至礼，皆因不可名言拟议，而以至名之。至善之‘善’，亦犹是耳。”

刘念台独以四句教为王龙溪之说。其言曰：“愚按四句教法，考之《阳明集》中，并不经见。其说乃出于龙溪，则阳明未定之见，平日间尝有是言，而未敢笔之于书，以滋学者之惑。至龙溪先生始云‘四有’之说，猥犯支离，是必进之‘四无’而后快。既无善恶，又何有心意知物？终必进之无心、无意、无知、无物而后已。如此则‘致良知’三字，著在何处？”（《明儒学案》卷首：“按此语不见刘子《全书》中”。）念台之言，其以“四有”“四无”两说，并出龙溪耶？抑以“四有”说非阳明定见，而仅谓“四无”说为龙溪所倡耶？语意殊未见明了。据前所述，则“四有”“四无”两说，并为阳明所许。念台殆鉴于王学末流之弊，以“四无”说为王学之害，乃发此论。故又曰：“先生（龙溪）独悟其所谓无者，以为教外之别传，而实亦并无是无。有无不至，善恶双泯。任一点虚灵知觉之气，纵横自在，头头明显，不离著于一处，几何而不蹈佛氏之坑堑也哉？”（同上）

龙溪之说，过为高远，流于佛氏之顿悟，而缺修养之功。前人恒有此论。然龙溪于阳明殁后，尝与四方讲会，考所言亦多应病与药，未必尽蹈佛氏之坑堑。今以其一部高远之言而绌之，毋乃过甚。念台之言，殆有所不得已乎？念台门人黄宗羲著《明儒学案》，于《龙溪学案》下论四句教，大抵以“四无”说归之龙溪。又谓龙溪《答吴悟斋书》称“四有”说为自相矛盾曰：“斯言（‘四无’说）也，于阳明平日之言，无可考见，独先生（龙溪）言之耳。然先生他曰《答吴悟斋书》云：‘至善无恶者，心之体也；有善有恶者，意之动也；知善知恶者，良知也；为善去恶者，格物也。’此其说已不能归一矣。”（《明儒学案》卷十二）清毛奇龄以四句教第三句之“良知”为“致知”，注云：“或以‘致知’作‘良知’，误。”（《西河合集》卷二）盖以“致知”与“格物”对，然旧无此说，是西河之臆解也。总之四句教是阳明晚年之说，绪山辑《传习录》已载之，盖与龙溪同侍坐天泉桥而闻之。后与龙溪之“四无”说而并疑之，以为皆出于龙溪，恐未然也。

立志说

古来圣贤教人立志者多矣，阳明尤重此事。其《赠林以吉归省序》有曰:“志立而学半。”(《全书》卷七)盖阳明之“立志”说，最简易直截，归本于身心。尝曰:“夫志气之帅也，人之命也，本之根也，水之源也。源不浚，则流息；根不植，则木枯；命不续，则人死；志不立，则气昏。是以君子之学，无时无处而不以立志为事。”(《示弟立志说》)又谓门人李侯璧等曰:“汝辈学问不得长进，只是未立志。”侯璧起而对曰:“珙亦愿立志。”阳明曰:“难说不立，未是必为圣人之志耳。”对曰:“愿立必为圣人之志。”阳明曰:“你真有圣人之志，良知上更无不尽。良知上留得些子别念挂带，便非必为圣人之志矣。”(《全书》卷三)盖立志是为学之要，又必志于圣人，乃足贵耳。又曰:“诸公在此，务要立个必为圣人之心。时时刻刻，须是一棒一条痕，一掴一掌血，方能听吾说话，句句得力。”（《全书》卷三）然则立志非仅腾口说而已，必时时刻苦厉精，始为人圣之机也。

夫立志既当有必为圣人之志矣，所谓“必为圣人”之意义，果何如者？阳明示弟守文“立志”说曰：

> 夫学莫先于立志。志之不立，犹不种其根而徒培壅灌溉，劳苦无成矣。世之所以因循苟且，随俗习非而卒归于污下者，凡以志之弗立也。故程子曰：“有求为圣人之志，然后可与共学。”人苟诚有求为圣人之志，则必思圣人之所以为圣人者安在，非以其心之纯乎天理而无人欲之私与？圣人之所以为圣人，惟以其心之纯乎天理而无人欲，则我之欲为圣人，亦惟在于此心之纯乎天理而无人欲耳！欲此心之纯乎天理而无人欲，则必去人欲而存天理；务去人欲而存天理，则必求所以去人欲而存天理之方；求所以去人欲而存天理之方，则必正诸先觉，考诸古训。（《全书》卷七）

阳明所谓志于圣人者，仍不外去人欲存天理。至其方法，则当请诸师考诸古而已。《记》曰：“师严然后道尊，道尊然后民知敬学。立志之始，必督之以良师；古训繁博，惟在考其切于去人欲存天理者。记诵博识，直不足尚。此志于圣者所不可不勉也。”

阳明示弟“立志”说最详善。又有“责志”之说，其意盖本于明道。先觉古训，皆求诸人，责志则求诸己也。其言曰：

> 凡一毫私欲之萌，只责此志不立，即私欲即退听，一毫客气之动；只责此志不立，即客气便消除。或怠心生，责此志即不怠；忽心生，责此志即不忽；懆心生，责此志即不懆；妒心生，责此志即不妒；忿心生，责此志即不忿；贪心生，责此志即不贪；傲心生，责此志即不傲；吝心生，责此志即不吝。无一息而非立志、责志之时。故责志之功，其于去人欲有如烈火之燎毛，太阳一出而魍魉潜消也。（《全书》卷七）

阳明所谓“责志”，即内省之功是已。

阳明之言立志，不论人之材性之优劣，而皆许以作圣之机，在所自处耳。其言至明白显易，可以厉钝奋弱。

一门人尝问："学可至于圣。而伯夷、伊尹、孔子，其才力终不同，何以同谓之圣？"阳明答之曰："圣人之所以为圣，只是其心纯乎天理而无人欲之杂。犹精金之所以为精，但以其成色足而无铜铅之杂也。人到纯乎天理方是圣，金到足色方是精。然圣人之才力，亦有大小不同，犹金之分两有轻重。尧、舜犹万镒，文王、孔子犹九千镒，禹、汤、武王犹七八千镒，伯夷、伊尹犹四五千镒。才力不同，而纯乎天理则同，皆可谓之圣人。犹分两虽不同，而足色则同，皆可谓之精金。以五千镒而入于万镒之中，其足色同也。以夷、尹而厕之尧、孔之间，其纯乎天理同也。盖所以为精金者在足色，而不在分两；所以为圣者在纯乎天理，而不在才力也。故虽凡人而肯为学，使此心纯乎天理，则亦可以为圣人。犹一两之金，比之万镒，分两悬绝，而其到足色处可以无愧。故曰"人皆可以为尧、舜"者以此。学者学圣人，不过是去人欲而存天理耳。犹炼金而求其足色，金之成色，所争

> 不多，则锻炼之工省而功易成；成色愈下，则锻炼愈难。人之气质清浊、粹驳，有中人以上、中人以下，其于道有生知、安行，学知、利行。其下者必须人一己百，人十己千，及其成功则一。后世不知作圣之本，是纯乎天理，却专在知识、才能上求圣人，以为圣人无所不知，无所不能。我须是将圣人许多知识、才能，逐一理会，始得。故不务去天理上着工夫，徒弊精竭力，从册子上钻研，名物上考索，形迹上比拟。知识广而人欲愈滋，才力愈多而天理愈蔽。正如见人有万镒精金，不务锻炼成色，求无愧于彼之精纯，而乃妄希分两，务同彼之万镒，锡、铅、铜、铁，杂然而投。分两愈增，而成色愈下，既其稍末，无复有金矣。(《全书》卷一)

此节以“精金”喻圣，以“分两”喻圣人之才力，以“锻炼”喻学者之工夫，真可谓锐利透彻之至也。

当时门人闻前说，犹有以尧、舜万镒、孔子九千镒为疑。阳明又晓之曰：

> 此又是躯壳上起念，故替圣人争分两。若不从

躯壳上起念，即尧、舜万镒不为多，孔子九千镒不为少。尧、舜万镒只是孔子的，孔子九千镒，只是尧、舜的。原无彼我，所以谓之圣。只论精一，不论多寡，只要此心纯乎天理处同，便同谓之圣。若是力量气魄，如何尽同得？后儒只在分两上较量，所以流入功利。若除去了比较分两的心，各人尽着自己力量精神，只在此心纯天理上用功，即人人自有，个个圆成。便能大以成大，小以成小，不假外慕，无不具足。此便是实实落落、明善诚身的事。（《全书》卷一）

阳明作圣之“立志”说，可谓人生最切、最大之“立志”说，不问才力大小、学问浅深，惟在一心能纯乎天理而去人欲之私与否。推而言之，则一念能存天理，即为一念之圣；一日能存天理，即为一日之圣；终身乾乾，能存天理，是亦圣人而已。故曰：“一日克己复礼，天下归仁焉。”立志之方，明白如此；作圣之功，简易如此。舍去人欲、存天理以外，更何所谓立志哉？

非功利论

功利之说，易入俗耳，其害最甚。推原其始，盖出于衰周五伯之习，管、晏之徒，并言功利，富国强兵，虽就一时之效，然亦杂霸之治，非圣王之业也，故孟子非之。至于近世所谓功利之学，其持说固各有不同，然无不根于利己心以推之。乃至托于最多数、最大之幸福，以巧自文饰，要其立论，咸本于功利，而未闻义理之大涂也。夫既标利欲以为主，几何不至侵害人以便己？即外附于道德，实内成于私欲，故功利派终不得谓为适当之伦理说，宜自来儒者之非之也。盖人之所以为人者，惟在自厉其一己之职。正其谊不谋其利，明其道不计其功。虽利益、幸福，有时与之俱来，特以是为号，则不可耳。是以《论语》言："富贵在天。"又曰："君子谋道不谋食。耕也馁在其中矣，学也禄在其中矣。君子忧道不忧贫。”又曰:“志士、仁人，无求生以害仁，有杀生以成仁。”孔门教义，固如此也。

子贡问:“食、兵、信三者，不得已则孰先去?”而孔子答以“自古皆有死，民无信不立”。子张学干禄，而孔子告以“言寡尤行寡悔，禄在其中矣”。其后孟子守孔子之学，齐宣王问齐桓、晋文之事，则曰:“仲尼之徒，无道桓文之事者，是以后世无传焉。臣未之闻也，无以则王乎?”其评管仲曰:“功烈如彼其卑也。”其论王霸之辨曰:“以力假仁者霸，霸必有大国;以德行仁者王，王不待大。”此以明仁政、力政之区别，即以明功利至上主义，与道德至上主义之区别也。(儒者所言“王道”，非必如世俗所谓君主专制政体，盖其政治以仁义为原则者，是为王道;其政治以功利为原则者，是为霸道。政府之组织，固非所论也。)管、晏并有时为孔子所称，其说亦往往有近孔子者。惟至于义利之辨，则两派忽不相容。盖揆厥本原，真有差之毫厘，谬以千里之势，不可不察也。

义利之辨，夙为儒者所重视。南轩象山，所论尤严。阳明言学，尤以己身之去人欲存天理为主，又倡“致良知”之说。宜其极斥功利主义，以力护孔孟以来相传之大法也。尝叹曰:

圣人之学，日远日晦，而功利之习，愈趋愈下。其间虽尝瞽惑于佛、老之说，卒亦未能有以胜其功利之心。虽又尝折衷于群儒，而群儒之论，终亦有以破其功利之见。盖至于今，功利之毒沦浃于人之心髓，而习以成性也，几千年矣。(《全书七·拔本塞源论》)

又曰：

盖王道息而霸术行。功利之徒，外假天理之近似，以济其私而欺于人，曰天理固如是。不知既无其心矣，而尚何有所谓天理者乎？（《全书》卷七）

盖儒者之术，惟在自尽其正道，以复于天理。此生人之义则然，而非有冀于外之名誉利益。故近功利与存天理之心，划然不可同类。亦视其心之所存何如，不专以事迹课之也。故又曰：

使在我果无功利之心，虽钱谷兵甲，搬柴运

水，何往而非实学？何事而非天理？况子史诗文之类乎？使在我尚存功利之心，则虽日谈道德、仁义，亦只是功利之事，况子史诗文之类乎？（《全书》卷四）

其为辨之严，有如此者。

阳明既始终持非功利主义，故见他人之一言一动，出于希求功利之心者，必深恶而痛绝之。许鲁斋，元之大儒，阳明尝非其教学者治生曰："许鲁斋谓'儒者以治生为先'之说亦误人。"（《全书》卷一）（按《鲁斋全书》卷二曰："学者治生最为先务。苟生理不足，则于为学之道有所妨。彼旁求妄进，及作官嗜利者，殆亦窘于生理之所致也。士君子当以务农为生，商贾为逐末，亦有可为者。果处之不失义理，或姑以济一时，亦无不可。若以教学与作官规图生计，恐非古人之意也。"）然鲁斋之意，出于《管子》"仓廪实而知礼节，衣食足而知荣辱"之说，殆亦切中事情。学者为生计所累，不能潜心向道者众矣。孔子言"富而后教"，孟子言"饱食暖衣，而后施教"，大略亦同此意。惟既提出以治生为先，恐学者借口于此，或堕功利之习，终至远违道义，是以阳明断以为非是。且又谓："吾人行动，但当求快于心，不复计较于外。”

其《题梦槎奇游诗卷》曰：

> 君子之学，求尽吾心焉尔。故其事亲也，求尽吾心之孝，而非以为孝也；事君也，求尽吾心之忠，而非以为忠也。是故夙兴夜寐，非以为勤也；剸繁理剧，非以为能也；嫉邪祛蠹，非以为刚也；规切谏诤，非以为直也；临难死义，非以为节也。吾心有不尽焉，是谓自欺其心，心尽而后，吾之心始自以为快也。惟夫求以自快吾心，故凡富贵、贫贱、忧戚患难之来，莫非吾所以致知求快之地。苟富贵、贫贱、忧戚、患难而莫非吾致知求快之地，则亦宁有所谓富贵、贫贱、忧戚、患难者足以动其中哉！世之人徒知君子之于富贵、贫贱、忧戚、患难，无入而不自得也，而皆以为独能人之所不可及，不知君子之求以自快其心而已矣。(《全书》卷三十四)

阳明之说，何其痛切精到！世之言功利者，庶几读此一猛省也。

肆

阳明关于古今学术之评论

三教评论

宋明儒者，其初莫不兼涉释、老之学。大抵始博观二氏，既无所得，乃反求诸六经，遂有所悟。故宋、明诸家，往往比较三教，为之评论，视隋、唐学者，愈精微矣。譬如唐韩愈亦本儒教以辟释、老，顾所论至浅薄，由其得于释、老者不深也。至张、程诸子所言，则能直抵阃奥。近人或以宋儒之学，论道体处，往往稍挟释、老之意。故儒教及宋而一变，岂习之久则不觉有所取耶？阳明早年亦耽二氏，其戒门人萧惠曰："吾亦自幼笃志二氏，自谓既有所得，谓儒者为不足学。其后居夷三载，见得圣人之学，若是其简易广大，始自叹悔错用了三十年气力。"（《全书》卷一）盖阳明先好二氏，后悟其非，乃复归于儒也。

阳明三十四岁，与湛甘泉定交，以倡明圣学为任。其赠阳伯诗曰:“阳伯即伯阳,伯阳竟安在?大道即人心,万古未曾改。长生在求仁,金丹非外待。缪矣三十年,于今吾始悔。”又正德九年八月,《谏武宗迎佛书》曰:“臣亦窃尝学佛,最所尊信,自谓悟得其蕴奥。后乃窥见圣道之大,始遂弃置其说。”(《全书》卷九)此又阳明自述其弃二氏而宗儒学之迹也。

阳明尝论儒、释俱养心,而释不可以治天下。曰:“吾儒养心,未尝离却事物,只顺其天则自然,就是工夫。释氏却要尽绝事物,把心看作幻相,渐人虚寂去了,与世间无些子交涉,所以不可治天下。”(《全书》卷三)其序《象山文集》,辨世人疑象山学之类禅为非,亦略本此意。

释氏贵解脱而非执著,其实不如吾儒之通达。彼惴惴焉逃避世间,恐为所累,吾儒则从容处之以正道而已。故阳明曰:“佛怕父子累,却逃了父子;怕君臣累,却逃了君臣;怕夫妇累,却逃了夫妇。都是为个君臣、父子、夫妇着了相,便须逃避。如吾儒有个父子,还他以仁;有个君臣,还他以义;有个夫妇,还他以别。何曾着父子、君臣、夫妇的相?”(《全书》卷三)盖释氏以此世界为苦海,先须脱去生、老、病、死四苦,无所谓五伦。其于人生观不免欠缺,故深为儒者所非也。

门人王畿尝举佛家实相、幻相之说以质。阳明答曰：“有心俱是实，无心俱是幻；无心俱是实，有心俱是幻。”（《全书》卷三）王畿闻之，自述所得曰：“‘有心俱是实，无心俱是幻’，是本体上说工夫；‘无心俱是实，有心俱是幻’，是工夫上说本体。”（《全书》卷三）阳明以为然。龙溪资性高拔，故阳明由佛家实相、幻相之说，告以吾道本体、工夫合一之旨。

周濂溪《太极图说》谓：“圣人定之以中正仁义而主静，立人极焉。”又《通书》曰：“动而无静，静而无动，物也；动而无动，静而无静，神也；动而无动，静而无静，非不动不静也。物则不通，神妙万物。”程明道答张横渠书（《定性书》）论定性曰：“所谓定者，动亦定，静亦定；无将迎，无内外。苟以外物为外，牵己而从之，是以己性为有内、外也。”（《二程全书》卷五十六）宋、明以来，儒者无不论动、静，盖亦修为上所不可不细究者也。阳明尝论儒、释二家言动、静之异：“释家避动求静，儒家动中有静，静中有动，有动静合一之妙。释家言坐禅，宋、明儒者亦言静坐。二者相似而实不同。”阳明门人尝问：“儒到三更时分，扫荡胸中思虑，空空静静，与释氏之静相似。此时有何分别？”阳明答曰：“动静只是一个。那三更时分空空静静的，只是存天理，即是如今应事接物的心。如今应事接物的心，亦是循此天理，便是那三更时分空空静静的心。故动、静只是一个，分别不得。知得动静合一，释氏毫厘差处，亦自莫掩矣。”（《全书》卷三）毫厘差处，即吾儒动静一贯，而释家动外求静。如以静坐而论，则释家以空寂为旨，儒家以存省为旨耳。

门人王嘉秀尝问阳明曰：“佛以出离生死，诱人入道；仙以长生久视，诱人入道。其心亦不是要人做不好，究其极至，亦是见得圣人上一截，然非人道正路。”阳明答曰：“若论圣人大中至正之道，彻上彻下只是一贯，更有甚上一截、下一截？”（《全书》卷一）盖嘉秀以仙、释得圣人之上一截，而遗其下一截。阳明则谓：“不当分圣人之教为上、下两截，宜达上下一贯之妙旨。”此阳明简易直截主义之本色也。

阳明尝曰：“大抵二氏之学，其差与圣人只有毫厘之间。”（《全书》卷一）故学者不可不知三教异同。阳明乃论其极处之差异曰：“仙、释说到虚，圣人岂能虚上加得一毫实？佛氏说道无，圣人岂能无上加得一毫有？但仙家说虚，从善生上来；佛氏说无，从出离生死苦海上来。却于本体上加却这些子意思在，便不是他虚无的本色了，便于本体有障碍。圣人只是还他良知的本色，更不着些子意在。良知之虚，便是天之太虚；良知之无，便是太虚无形。日月、风雷，山川、民物，凡有貌象形色，皆在太虚无形中。发用流行，未尝作得天的障碍，圣人只是顺其良知之发用。天地万物，俱在我良知的发用流行中。何尝又有一物超于良知之外，能作得障碍？”（《全书》卷三）阳明就良知之体用而言，以为仙释二氏所谓虚无，犹有多少着黄黑处，不能不障碍本体。此实前人未发之论。

朱子晚年定论

古今立言之道，有自申其意者，有托于人以申其意者。自申其意者，义恒独创；托于人以申其意者，则委曲附会，借人之言，以证成己说。阳明之《朱子晚年定论》，亦托于人以申其意之立言法也。汉、魏、六朝、隋、唐之际，学者多托孔孟以行其说；宋、元、明之际，学者多托程、朱以行其说。至阳明之时，朱子之书尤重于世。虽有名论大议，苟与朱子所言不合，必蒙世人之非诋。故阳明以朱子晚年之论，实与己说相符，亦借以自援，而欲广其教于天下也。朱子之于阳明，固不能一无所异，亦不能一无所同。然后来颇以阳明此说为诟病，清陆陇其诋王学最力。

其学术辩论阳明《朱子晚年定论》曰：

程、朱之言有可假借者，即曰“程朱固若是也”；有不可假借者，则曰“此其中年未定之论也”。黑白淆而雅郑混。（《三鱼堂文集》卷二）

又曰：

自阳明王氏倡为“良知”之说，以禅之实而托儒之名，且辑《朱子晚年定论》以明己之学与朱子未尝异。龙溪、心斋、近溪、海门之徒，从而衍之，王氏之学遍天下。（《三鱼堂文集》卷二）

稼书尊朱抑王，故其言如此。

然如阳明之学者，皆以《朱子晚年定论》为修学之良道。袁庆麟《朱子晚年定论后序》曰：“及读此篇始释然。尽投其所业，假馆而受学，盖三月而若将有闻焉。”盖庆麟初治朱子学三十年无所得，后读《朱子晚年定论》，大有所悟，乃从阳明学。由是观之，此编褒贬，因各人所见而异，殊无定评。兹惟述阳明所以辑《朱子晚年定论》之意，及其当时情势焉。

正德十三年，阳明四十七岁。由《朱晦庵遗文》中选三十四条，辑为《朱子晚年定论》，大率取其与己所见相合者。阳明《自序》曰："谪官龙场，居夷处困，动心忍性之余，恍若有悟。体念探求，再更寒暑，证诸'五经''四子'，沛然若决江河而放诸海也。"（《全书》卷三）阳明龙场大悟以后，以其说征之经、子而无疑，遂撰《五经臆说》四十六卷。传于今日者，仅关于《易》《诗》《春秋》三经十三条，及其《序》一首而已。然阳明之说，虽已无戾于孔孟之书，而犹与当时所行最有力之朱子学说不合。阳明用是不安于心，乃复详考朱子之书，而卒求得所谓同然者。故又曰：

独于朱子之说，有相抵牾，恒疚于心。窃疑朱子之贤，而岂其于此尚有未察？及官留都，复取朱子之书而检求之，然后知其晚岁固已大悟旧说之非，痛悔极艾。至以为自诳诳人之罪，不可胜赎。世之所传《集注》《或问》之类，乃其中年未定之说，自咎以为旧本之误，思改正而未及。而其诸《语类》之属，又其门人挟胜心以附己见，固于朱子平日之说，犹有大相缪戾者。而世之学者，局于见闻，不过持循讲习于此。其于悟后之论，概乎其未有闻，则亦何怪乎予言之不信？而朱子之心，无以自暴于后世也乎！予既自信其说之不缪于朱子，又喜朱子之先得我心之同然。且慨夫世之学者，徒守朱子中年未定之说，而不复知求其晚岁既悟之论。(《全书》卷三)

以上即阳明辑《朱子晚年定论》之旨趣也。更考当《朱子晚年定论》刻行时之情态如何。阳明尝曰：

留都时偶因饶舌，遂至多口，攻之者环四面。取朱子晚年悔悟之说，集为《定论》，聊借以解纷耳。门人辈近刻之雩都，初闻甚不喜。然士夫见之，乃往往遂有开发者。无意中得此一助，亦颇省颊舌之劳。(《全书四·与安之书》)

又曰：

近年篁墩诸公，尝有《道一编》。见者先怀党同伐异之念，故卒不能有人，反激而怒。今但取朱子之所自言者表章之，不加一辞。虽有褊心，将无所施其怒。（《全书四·与安之书》）

观此则知阳明辑《朱子晚年定论》不得已之心矣。

当时学者，亦颇有不谅阳明之心，且用是诋之。罗整庵为阳明先辈，夙好朱学，而素与阳明讲论者也。及见《朱子晚年定论》，贻阳明书曰：

详《朱子定论》之编，盖以其中岁以前所见未真。爰及晚年，始克有悟。乃于其论学书尺三数十卷之内，摘此三十余条。其意皆主于向里者，以为得于既悟之余，而断其为《定论》。斯其所择，宜亦精矣。第不知所谓晚年者，断以何年为定？羸躯病暑，未暇详考。偶考得何叔京氏，卒于淳熙乙未，时朱子年方四十有六。尔后二年丁酉，而《论孟集注》《或问》始成。今有取于答何书者四通，以为《晚年定论》。至于《集注》《或问》，则或以为中年未定之说，窃恐考之欠详，而立论之太果

也。(《罗整庵集》卷一)

整庵驳论，盖以阳明所谓晚年，多有未考。卒又以阳明与朱子之学，实不相同。曰：

凡此三十余条者，不过姑取之以证成高论，而所谓“先得我心之所同然者”。安知不有毫厘之不同者，为祟于其间，以成抵牾之大隙哉？(《罗整庵集》卷一)

明冯柯亦笃守朱学，所著《求是编》，驳阳明说凡八十有六条。其于《朱子晚年定论》，以为朱子之学同于颜子，其工夫繁简不同，非必由于悔悟。曰：“看他次第，是工夫先后，而非年岁早晚。”(《求是编》卷四)

又论朱子工夫曰：

积累后方悔，悔后亦不成昏昏漠漠，遂废了积累。惟其工夫周流不已，所以学日充，德日起，而集大成于诸儒也。阳明不达于此，遂取朱子平日与

> 人答问手札中，厌烦就约绝学捐书之语，为《晚年定论》。（《求是编》卷四）

又以《集注》《或问》，为朱子终身事业，非中年未定之论。曰：

> 夫朱子之易箦也，犹改“诚意”章以为绝笔。则其《集注》《或问》之类，固其所终身者也。固其既悔之后，而三复删定者也，乌得以意义浩博，议论参差，而遂指为中年未定之说哉？（《求是编》卷四）

然阳明系就朱子学术变迁之全体大概言之，至于朱子易箦时改“诚意”章，阳明固未有不知者也。

阳明与朱子之学，相异之处固多，其中固未尝无符合者。若取《朱子晚年定论》卷三十四条，细加考证，中、晚年月，往往有颠倒者，此自不可掩之事。然阳明亦自承为考证未精，故《答罗整庵书》曰：

其为《朱子晚年定论》，盖亦不得已而然。中间年岁早晚，诚有所未考。虽不必尽出于晚年，固多出于晚年者矣。然大意在委曲调停，以明此学为重。平生于朱子之说，如神明、蓍龟，一旦与之背驰，心诚有所未忍，故不得已而为此。知我者谓我心忧，不知我者谓我何求？盖不忍抵牾朱子者，其本心也。不得已而与之抵牾者，道固如是。不直则道不见也。（《全书》卷二）

此阳明自论是编微意之所在者矣。

冯柯又论《朱子晚年定论》曰：

阳明之于朱子，又皆洗垢索瘢，以阴行其私，簸笔舌以玩侮先正。而初无委曲、调停之意，则其所谓不得已以明此学者，非真有不得已之心，如《孟子》辟邪说以卫圣道之心。（《求是编》卷四）

又曰：

自幸己说之不缪于朱子，盖欲援儒入墨，推墨以附儒尔。(《求是编》卷四)

冯氏所论，未免过刻。要之阳明《朱子晚年定论》，盖欲托朱子之言，以证成意者为多，固非必朱子之本旨也。

五经臆说

《五经臆说》者，正德三年，阳明年三十七岁，谪居龙场时所作，逾年而成书四十六卷。阳明《五经臆说序》末曰："夫说凡四十六卷，经各十而礼之说尚多缺，仅六卷云。"（《全书》卷二十二）然其后阳明学益精，工夫益简易，遂不复出以示人。门人钱德洪尝问之，笑曰："付秦火久矣。"及阳明卒，德洪偶于废稿中检得十三条传之。即今《阳明全书》中所收《春秋》三条、《易》五条、《诗》五条是也。又自序其述作之意曰："龙场居西南夷万山中，书卷不可携。日坐石穴，默记旧所读书而录之。意有所得，辄为之训释。期有七月而五经之旨略遍，名之曰'臆说'，盖不必尽合于先贤，聊写其胸中之意见，而因以娱情养性焉耳。"又曰："五经，圣人之学具焉。然自其已闻者而言之，其于道也，亦筌与糟粕耳。窃尝怪夫世之儒者，求鱼于筌，而谓糟粕之为醪也。”（《全书》卷二十二）阳明盖慨世之治经者，溺于训诂注释，而忘道本，故自发其意，以为《臆说》，大抵言大体者多。今举遗说十三条中《易》一条于下：

明出地上晋，君子以自昭明德，日之体本无不明也，故谓之大明。有时而不明者，入于地则不明矣。心之德本无不明也，去其私无不明矣。日之出地，日自出也，天无与焉；君子之明明德，自明之也，人无所与焉。自昭也者，自去其私欲之蔽而已。（《全书》卷二十六）

上所论仍以去私欲、昭明德为主。阳明自龙场悟后，其立言之旨，大略定矣。惟后来益精、益简易，故不欲布其繁说。此外德洪所传十三条，尚有《春秋》“元年春王正月”“隐公让国”“郑伯克段于鄢”，《易》之“天地感，而万物化生”“恒”“遁”“晋”，《诗》及《时迈》十五句、《执竞》十四句、《思文》八句、《臣工》十五句、《有瞽》十三句等条，皆本阳明平日记忆之语而说其大意者也。此亦阳明评论经术之大著作，虽不悉传，亦别记其略于此。

格物致知与随处体认天理

与阳明同时之湛若水，倡“随处体认天理”之说。若水，字元明，号甘泉，广东增城人。早从陈献章学，弘治十八年初识阳明，相约共倡圣学。二子所见略相似，惟甘泉所谓“随处体认天理”，与阳明“格物致知”之说不合。其后门人等，遂立门户相争。然二子平日于学术多所切磋，交谊尤笃也。

先是正德十年，阳明与甘泉论“格物”说。甘泉持旧说不下，阳明谓为求之于外；甘泉则谓以格物理为外，是自小其心也。彼此相难，终不服。其后，正德十四年，甘泉渐信《大学古本》，以为格物犹言造道，穷理如穷至其巢穴之穷，谓以身至之也，故至于物亦只是随处体认天理，至是则甘泉之说，亦几近阳明。阳明闻之喜曰:“甘泉用功，得转正途来。尝说‘亲民’字不可改，彼亦不信。今论‘格物’，亦稍近我说。但‘格物’之‘物’字，不可换为‘理’字，唯当还其为一‘物’字而已。”然二子学说上虽差异渐少，终不尽融合。其最著者，则格物致知之解释是也。

嘉靖元年，甘泉贻阳明书论“格物”说：“征于古圣先贤之言，谓有四不可。”其最要者二条：

一、阳明训“格物”为正念头，甘泉以为与《大学》本文“诚意”之“意”与“正心”之“正”重复。其言曰：“兄之训‘格’为正，训‘物’为念头之发，则下文‘诚意’之‘意’，即念头之发也，‘正心’之‘正’即格也，于文义不亦重复矣乎？”（《湛甘泉文集》卷七）

二、阳明又以“正念头”之说，为偏于行而忽于讲学，曰：“颜子述孔子之教，则曰‘博文约礼’；孔子告哀公，则曰‘学问思辨笃行’，其归于知行并进同条共贯者也。若如兄之说，徒正念头，则孔子止曰‘德之不修’可矣，而又曰‘学之不讲’，何耶？止曰‘默而识之’可矣，而又曰‘学而不厌’，何耶？又曰‘信而好古敏求’者，何耶？子思止曰‘尊德性’可矣，而又曰‘道问学’者，何耶？”（《湛甘泉文集》卷七）甘泉盖疑阳明之“格物”说，归于正念头，有戾于古圣立言之本旨也。

甘泉又自述其“格物说”之要，以告阳明曰：“仆之所以训‘格’者，至其理也。‘至其理’云者，体认天理也；‘体认天理’云者，兼知行、合内外言之也。天理无内外也。陈世杰书报吾兄，疑仆‘随处体认天理’之说，为求于外。若然，不几于义外之说乎？求即无内外也。吾之所谓‘随处’云者，随意、随心、随身、随家、随国、随天下。盖随其所寂、所感时耳，一耳。寂则廓然大公，感则物来顺应。所感不同，而皆不离于吾心中正之本体。‘本体’即实体也，天理也，至善也，物也。而谓求之外可乎？‘致知’云者，盖如此实体也，天理也，至善也，物也，乃吾之良知、良能也，不假外求也。但人为气习所蔽，故生而蒙，长而不学则愚。故学问、思辨、笃行诸训，所以破其愚，去其蔽，警发其良知、良能者耳。”（《湛甘泉文集》卷七）甘泉以此书与阳明，在订交之后十七年。然书中具述情谊之厚，意不忍默。盖将以讲论辨析，而有存乎门户之见者也。至阳明卒，甘泉为《墓志铭》，盛推其学德云。

阳明于甘泉“随处体认天理”之语，以为尚陷一尘。如嘉靖五年，《寄邹谦之书》曰：

随处体认天理，即戒慎恐惧工夫，以为尚隔一尘，为世之所谓事事物物皆有定理而求之于外者言之耳。若致良知之功明，此语亦自无害。不然，即犹未免于毫厘千里也。(《全书》卷六)

又嘉靖六年,《与毛古庵副宪书》曰:

凡鄙人所谓“致良知”之说，与今之所谓“体认天理”之说，本亦无大相远，但微有直截、迂曲之差耳。譬之种植，“致良知”者，是培其根本之生意而达之枝叶者也;“体认天理”者，是茂其枝叶之生意，而求以复之根本者也。然培其根本之生意，固自有以达之枝叶矣。欲茂其枝叶之生意，亦安能舍根本而别有生意，可以茂之枝叶之间者乎?(《全书》卷六)

综而论之，则甘泉之说较详密，阳明之说较简易；阳明资性朗彻，甘泉资性沉毅。故阳明以己之“格物致知说”为直截，而以甘泉“随处体认天理”为迂曲。甘泉则以阳明徒求诸心，而少学问、思辨之功也。

“程朱”与“陆王”

一、格物致知说之异

朱、陆在当时言格物，已有异同。朱晦庵约格物以四言曰：“或考之于事为之著，或察之于念虑之微，或求之于文字之中，或索之于讲论之际。”象山初亦言“中庸、博学、审问、慎思、明辩，是格物之方”，本与晦庵不甚相远，卒乃谓“格物者，格此者也。伏羲仰象俯法，亦先于此尽力。不然，所谓格物，末而已矣。”此实开阳明之绪，要至阳明论之綦详。清全祖望《经史问答》曰：“七十二家‘格物’之说，令末学穷老绝气，不能尽举其异同。”今略举阳明论格物致知与晦庵异者，比论如下：

一、阳明“格物致知”之解，详于《<大学>问》《<大学>古本旁释》《答顾东桥书》等。其《<大学>问》曰：“致者至也，如云‘丧致乎哀之致’。《易》言：‘知至至之，知至者知也；至之者致也，致知之者。’非若后儒所谓‘充广其知识’之谓也，致吾心之良知焉耳。”（《全书》卷二十六）又曰：“物者，事也，凡意之所发，必有其事，意所在之事，谓之物；格者，正也，正其不正，以归于正之谓也。正其不正者，去恶之谓也；归于正者，为善之谓也。夫是之谓‘格’，《书》言格于上下，格于文祖，格其非心。‘格物’之‘格’，实兼其义也。”（《全书》卷二十六）

晦庵“格物致知”之解释，见于《<大学>补传》及《<大学>集注》者，较为正确详密。今揭其要曰：“致推极也，知犹识也，推极吾之知识，欲其所知无不尽也；格至也，物犹事也，穷至事物之理，欲其极处无不到也。”（《大学》朱注）

二、阳明谓：“吾欲致其良知，必就每事而正其不正者以归于正。知恶、去恶，知善、为善，即可以进于知行合一也。”

晦庵谓：“欲极吾人之知识，必就天下之事，而各穷其理。”

三、阳明谓:“非良知、昭明、灵觉，则不能判断是非、善恶。”

晦庵谓:“人心之灵，凡事物微妙之旨莫不能知。”

四、阳明谓:“非良知光明发耀，即不能充为善去恶之工夫。”

晦庵谓:“非知识完备，不能格穷理之功。”

五、阳明谓:“心外无事，心外无理。”

晦庵谓:“天下之事，皆莫不有理。”

六、阳明所谓学，惟在致良知。良知昭明，则万理自具。施之日用之事，有不待讲习而自得其宜者矣。

晦庵所谓学，即在天下之事。由既知之理，而益推穷未知之理。

七、阳明以良知犹明镜照物，良知既明，则众物之表里、精粗无所不知。

晦庵谓:“即物穷理，用力之久，则一旦豁然贯通，物之表里、精粗，无所不到。”

阳明与晦庵言“格物致知”之异者，大率如此。阳明又曰:“‘致知格物’者，致吾心之良知于事事物物也。吾心之良知，即所谓天理也。致吾心良知之天理于事事物物，则事事物物皆得其理矣。致吾心之良知者，致知也；事事物物皆得其理者，格物也。是合心与理而为一者也。”（《全书》卷二）此足以括阳明“格物致知”说之要旨矣。

然晦庵之“格物致知”说，实本于程伊川。伊川尝与人问答曰：“或问：‘格物须物物格之，还只格一物，而万理皆知？’曰：‘怎生便会该通？若只格一物，便通众理，虽颜子亦不敢如此。须是今日格一件，明日又格一件。积习既多，然后脱然自有贯通处。’”（《二程全书》卷十九）

又问：“只穷一物，见此一物，还便见得诸理否？”曰：“须是遍求。虽颜子亦只能闻一知十，若到后来达理了，虽亿万亦可通。”（《二程全书》卷二十）程、朱论“格物致知”，重在事实之经验。阳明论“格物致知”，重在良心之悟彻。宋明以来论“格物”，多此二大派之绪也。

二、讲学法之异

晦庵与象山皆一时纯儒，而讲学法独相异。阳明则承象山之风者也。今略举晦庵与陆王之不同者，比而论之。

晦庵说“即物穷理”，象山说“心即理”。陆王偏重此心，故特有心学之名。而晦庵之学，则求之于知者较多也。

朱学为经验的、归纳的，故学者力量不足，或流于支离灭裂；陆、王之学，为直觉的、演绎的，其流或入于禅。然至明时，朱学为世所尚。不善学者，不能无弊。故阳明又宗象山之“简易直截”，以教学者，盖有矫正之意存焉。

象山先德行而后学问，阳明亦然。陆、王以德行之本体即学问；晦庵先求学问之方法，而后进及于德行。晦庵尝作书与学者云：“陆子静专以尊德行诲人，故游其门者多践履之士，然于道问学处欠了。某教人岂不是道问学处多了些子！故游某之门者，践履多不及之。”

晦庵主张“理气二元”论，象山以“理为宇宙之一元”，阳明则又为“理气合一”之说。

晦庵教人，既以道问学处较多，象山则反之以“简易直截”，其《与邵叔谊书》曰：“盖后世学者之病，多好事无益之言。”（《象山集》卷十）又《与陈正己书》曰：“古之学者以养心，今之学者以病心；古之学者以成事，今之学者以败事。”（《象山集》卷十二）又《与詹子南书》曰：“古人皆实学，后人未免议论辞说之累。”（《象山集》卷七）阳明承象山之风，其《拔本塞源论》言当世学者之通弊曰：“记诵之广，适以长其敖也；知识之多，适以行其恶也；闻见之博，适以肆其辩也；辞章之富，适以饰其伪也。”（《全书》卷二）

晦庵言学者修身，始于洒扫、应对、进退之末，极之礼法威仪之至。凡节文形式，并有不可不重者。阳明之言礼，则贵简而不贵繁。其《礼记纂言序》曰："经礼三百，曲礼三千，无一而非仁也，无一而非性也。天叙天秩，圣人何心焉？盖无非命也。故克己复礼则谓之仁，穷理则尽性以至于命，尽性则动容周旋中礼矣。后之言礼者吾惑矣，纷纭器数之争，而牵制刑名之末。"（《全书》卷七）又《与邹守益论礼书》曰："今之为人上而欲导民于礼者，非详且备之为难。惟简切明白，而使人易行之为贵耳。"（《全书》卷六）

晦庵以六经为金科玉律，终身注释六经。象山反之，曰："非我注六经，六经皆我注脚。"（《象山语录》又曰："学苟知本，六经皆我注脚。"（同上）或问："象山胡不注六经？"曰："六经当我注，我何注六经？"（同上）阳明《五经臆说序》亦本此意，其言曰："五经圣人之学具焉，然自其已闻者而言之。其于道也，亦筌与糟粕耳。窃尝怪夫世之儒者，求鱼于筌，而谓糟粕之为醪也。"（《全书》卷二十二）又《尊经阁记》曰："六经者，吾心之记籍也。而六经之实，则具于吾心。犹之产业库藏之实，种种色色，具存于其家。其记籍者，特名状数目而已。世之学者，不知求六经之实于吾心，而徒考索于影响之间，牵制于大义之末，硁硁然以为是六经矣。”（《全书》卷七）盖陈、王之于经术，并不汲汲训诂之末也。

晦庵承二程之说，以《大学》分经、传。其言其中多有脱误，为订正而补修之。阳明则以《<大学>古本》无一字脱误，为之旁释。后之学者，多仍重《古本》矣。

以上盖综述晦庵与陆王讲学法异同之大略。要之程、朱，及陆、王二派，各有所长。学者如欲循序渐进，宁用晦庵之说为平易著实。陆王主于顿悟，资性聪敏者或好之。然其弊有流于陋，有入于禅，故亦不可不察也。

关于学术杂论及王学末流

王学虽尚“简易直截”，亦主事上磨炼，故兼重事功。有一属官，因久听讲阳明之学，曰：“此学甚好。只是簿书讼狱繁难，不得为学。”阳明闻之曰：“我何尝教尔离了簿书讼狱，悬空去讲学？”（《全书》卷三）又曰：“簿书讼狱之间，无非实学。若离了事物为学，却是着空。”（《全书》卷三）又《年谱》记欧阳德，嘉靖癸未第进士，出守六安州数月，奉书以为初政倥偬。后稍次第，始得与诸生讲学。阳明曰：“吾所讲学，正在政务倥偬中。岂必聚徒而后为讲学耶？”此以见阳明视事功尤重也。

阳明屡平寇乱，功烈甚著。其遗书论政之言，多以德治为主。所至兴学厉俗，多有可观。有《训蒙大意示教读刘伯颂等》卷一篇，见其教育儿童之意。其大要曰：“今教童子者，当以孝悌、忠信、礼义、廉耻为专务。其培植涵养之方，则宜诱之歌诗以发其志意，导之习礼以肃其威仪，讽之诗书以开其知觉。”（《全书》卷二）

阳明以学问、道德、事功为一致。邹守益《阳明先生文录序》曰：“当时有称先师者曰：‘古之名世，或以文章，或以政治，或以气节，或以勋烈，而公克兼之。独除却讲学一节，即全人矣。’先师笑曰：‘某愿从事讲学一节，尽除却四者，亦无愧全人。’”盖彼论者未知阳明文章事业均以“致良知”为根柢，而妄有所窥测疑议也。

阳明既殁，承其学者，如王龙溪之精微，王心斋之超脱，何心隐、颜山农之杳冥，罗近溪之无我，皆渐流入于禅。

钱德洪《阳明大学问跋》曰：

> 师既殁，音容日远，吾党各以己见立说。学者稍见本体，即好为径超顿悟之说，无复有省身克己之功。一见本体，超圣可以企足。视师门诚意格物、为善去恶之旨，皆相鄙以为第二义。简略事为，言行无顾。甚者荡灭礼教，犹自以为圣门之最上乘。噫，亦已过矣！自便经约，而已不知沦人佛氏寂灭之教，莫之觉也。古人立言，不过为学者示

下学之功，而上达之机，待人自悟而有得。言语知解，非所及也。(《全书》卷二十六)

德洪在王门中，最为笃实，能奉阳明之遗旨，有“故深慨诸子好高骛远之弊”云。

明末王学者，盖竞慕心法，以顿悟相高，不顾事功。有仅以默坐调息为王学本领者，然外以狂逸为高，而身践蔑弃礼义之事；有阿附权门，公行贿赂而悍然不顾者。是以王学末流，深为世人诟病。清初陆稼书诋王学曰：“古先圣贤下学上达之遗法，灭裂无余，学术坏而风俗随之。其弊也至于荡轶礼法，蔑视伦常。天下之人，恣睢横肆，不复自安于规矩绳墨之内，而百病交作。”又曰：“愚以为明之天下，不亡于寇盗，不亡于朋党，而亡于学术。学术之坏，所以酿成寇盗朋党之祸也。”(《三鱼堂集》卷二）是以明之乱亡，由于王学之弊。然为王学者固不尽放荡之士，当时如徐横山、钱绪山、欧阳南野、季彭山、邹东廓、陈九川等，其后如黄石斋、刘念台、黄梨洲，皆践履笃实，学术气节，并有可尚者也。

附录一　陆象山学略

阳明之学，本出于象山而益推阐之，故“陆王”并称。其渊源相承者，已稍见前之每章中矣。今复附象山行事及学略于后。象山先生，名九渊，字子静，世为金溪陆氏。考讳贺，字道乐，究心典籍，酌先儒冠婚丧祭之礼行于家，不用异教。生六子，长九思，次九叙，次九皋，次九韶，次九龄，而象山为季。

九思，字子疆，与乡举，封从政郎。有《家问》，朱晦庵为跋。九叙，字子仪，善治生，时称“贤处士”。九皋，字子昭，与乡举，终修职郎，学者号“庸斋先生”。九韶，字子美，不事场屋，兄弟共讲古学，与朱晦庵友善，与学者讲学于近地梭山，号“梭山居士”。有《文集》《梭山日记》。今传《梭山日记》中《居家正本》及《制用》二篇。九龄，字子寿，终全州教授，为时儒宗，名斋曰复，学者称“复斋先生”。复斋与象山齐名，称为“江西二陆”，以比“河南二程”。此象山家世之大略也。

象山生于宋高宗绍兴九年己未二月。五岁入学读书，纸隅无卷折。六岁侍亲会嘉礼，衣以华好，却不受。复斋年十三，举《礼经》以告，乃受。七八岁时，即得乡誉，读《论语·学而》疑“有子”三章。及看《孟子》，到“曾子不肯师事有子”，至“江汉以濯之”“秋阳以暴之”等语，因叹：“曾子见得圣人高明洁白如此！”又闻人诵伊川语，云伊川之言，奚为与孔、孟之言不类。梭山尝云：“子静弟高明，自幼已不同。遇事逐物，皆有省发。尝闻鼓声振动窗棂，亦豁然有觉。其进学每如此。”

象山从幼读书便着意考索。伯兄总家务，尝夜分起，见象山观书，或秉烛检书最会，一见便有疑，一疑便有觉。后尝语学者曰：“小疑则小进，大疑则大进。”尝云：“向与复斋家兄读书陈山寺，止是一部《论语》，更无他书。”或问：“曾见先生将圣人与门人语分门，各自录作一处看。”象山曰：“此是幼小时事。”

象山与李侍郎及权郡书，皆云十三志古人之学。先是象山三四岁时，思天地何所穷际不得，至于不食，父呵之，遂姑置，而胸中之疑终在。后十余岁，读书至“宇宙”二字，解者曰：“四方上下曰‘宇’，往古来今曰‘宙’。”忽大省曰：“元来无穷。人与天地万物，皆在无穷之中者也。”乃援笔书曰：“宇宙内事，乃己分内事；己分内事，乃宇宙内事。”又曰：“宇宙便是吾心，吾心即是宇宙。东海有圣人出焉，此心同，此理同也；西海有圣人出焉，此心同，此理同也；南海、北海有圣人出焉，此心同，此理同也。千百世之上，至千百世之下，有圣人出焉，此心、此理，亦莫不同也。”复斋命看《论语》“有子”章如何，象山曰：“此有子之言，非夫子之言。”复斋曰：“孔门除却曾子，便到有子，未可轻议。”象山曰：“夫子之言简易，有子之言支离。”复斋读伊川《易传》至“艮其背”四句，问象山曰：“汝看程正叔此段如何？”曰：“终是不直截明白。‘艮其背’不获其身无我，‘行其庭’不见其人无物。”复斋大喜。

象山《与徐任伯书》曰：“某气质素弱，年十四五，手足未尝温暖。后以稍知所向，体力亦随壮也。”尝云：“吾于践履未能纯一，然才自警策，便与天地相似。”

十五岁时，侍长上郊行，分韵得“偕”字。诗云：“讲习岂无乐？钻磨未有涯。书非贵口诵，学必到心斋。酒可陶吾性，诗堪述所怀。谁言曾点志？吾得与之偕。”此见象山少时，已贵心学矣。

绍兴三十二年壬午，象山二十四岁，秋试，以周礼乡举。尝云：“吾自应举，未尝以得失为念。场屋之文，只是直写胸襟。”又尝云：“复斋家兄一日问曰：‘吾弟今在何处做工夫？’某答曰：‘在人情、事势、物理上做工夫。’复斋应之而已。若知物价之低昂，与夫辨物之美恶真伪，则吾不可谓之不能。然吾之所谓做工夫者，非此之谓也。”又云：“吾家合族而食，每轮差子弟掌库三年。某适当其职，所学大进，这方是执事敬。”

乾道八年壬辰，象山三十四岁。春试南宫奏名时，尤延之袤知举。吕伯恭祖谦为考官，读象山考卷，大加叹赏。伯恭遽以内艰出院，乃嘱尤公曰：“此卷超绝有学问者，必是江西陆子静之文。此人断不可失也。”遂中选。他日伯恭会象山曰：“未尝款承足下之教，一见高文，心开目朗，知其为江西陆子静文也。”

四明杨敬仲，时主富阳簿，摄事临安府中。始承教于象山，及反富阳，象山过之。问：“如何是本心？”象山曰：“恻隐仁之端也，羞恶义之端也，辞让礼之端也，是非智之端也。此即是本心。”对曰：“简儿时已晓得，毕竟如何是本心？”凡数问，象山终不易其说，敬仲亦未省。偶有鬻扇者讼至于庭，敬仲断其曲直讫，又问如初。象山曰："闻适来断扇讼，是者知其为是，非者知其为非。此即敬仲本心。"敬仲忽大觉，始北面纳弟子礼。故敬仲每云："简发本心之问，先生举是日扇讼是非答。简忽省此心之无始末，忽省此心之无所不通。"象山尝语人曰："敬仲可谓一日千里。"复斋与学者书云："子静入浙，则有杨简敬仲、石崇昭应之、诸葛诚之、胡拱达才、高宗商应朝、孙应时季和，从之游。其余不能悉数，皆亹亹笃学，尊信吾道，甚可喜也。"

淳熙二年乙未，象山三十七岁。吕伯恭约复斋、象山，会朱元晦诸公于信之鹅湖寺。复斋谓象山曰："伯恭约元晦为此集，正为学术异同。某兄弟先自不同，何以望鹅湖之同？"复斋遂与象山议论致辨，又令象山自说，至晚罢。复斋曰："子静之说是。"次早，象山请复斋说。复斋云："某无说。夜来思之，子静说极是。方得一诗云：'孩提知爱长知钦，古圣相传只此心。大抵有基方筑室，未闻无址忽成岑。留情传注翻榛塞，着意精微转陆沉。珍重友朋相切琢，须知至乐在于今。'"象山云："诗甚佳。但第二句微有未妥。"复斋云："说明恁地，又道未安，更要如何？"象山云："不妨一面起行，某沿途却和此诗。"乃至鹅湖，伯恭首问复斋别后新功，复斋举诗才四句，元晦顾伯恭曰："子寿早已上子静船了也。”举诗罢，遂致辩于复斋。象山云：“途中某和得家兄此诗，云：‘墟墓兴衰宗庙钦，斯人千古不磨心。浊流滴到沧溟水，拳石崇成泰华岑。易简工夫终久大，支离事业竟浮沉。’”举诗至此，元晦失色。至“欲知自下升高处，真伪先须辨至今”，元晦大不怿。于是各休息，次日颇致辩。元晦之意，欲今人信观博览，而后归之约；复斋、象山之意，欲先发明人之本心，而后使之博览。朱以陆之教人为太简，陆以朱之教人为支离，以此不合。象山更欲与元晦辩，以为尧、舜之前，所读何书？复斋止之。刘子澄、赵景昭诸公，拱听而已。《象山语录》以伯恭甚有虚心相听之意，为元晦所尼。元晦归后三年，乃和前诗云：“德业风流夙所钦，别离三载更关心。偶携藜杖出寒谷，又枉篮舆度远岑。旧学商量加邃密，新知培养转深沉。只愁说到无言处，不信人间有古今。”

淳熙七年庚子，象山四十二岁，复斋卒。临终谓象山曰：“比来见得子静之学甚明，恨不得更相与切磋，见此道之大明耳。”象山尝曰：“复斋涵养深密，躬行笃实。”

淳熙八年春二月，象山访朱元晦于南康。时元晦为南康守，与象山泛舟乐曰：“自有宇宙以来，已有此溪山，还有此佳客否？”乃请象山登白鹿洞书院讲席。象山讲“君子喻于义，小人喻于利”一章毕，乃离席言曰：“熹当与诸生共守，以无忘陆先生之训。”寻以讲义刻于石：

“子曰：‘君子喻于义，小人喻于利’”讲义

此章以义、利判君子、小人，辞旨晓白。然读之者苟不切己观省，亦恐未能有益也。某平日读此，不无所感。窃谓学者于此，当辨其志。人之所喻，由其所习。所习由其所志，志乎义则所习者必在于义，所习在义，斯喻于义矣；志乎利则所习者必在于利，所习在利，斯喻于利矣。故学者之志，不可不辨也。科举取士久矣，名儒巨公，皆由此出。今为士者，固不能免此。然场屋之得失，顾其技与有司好恶如何耳，非所以为君子小人之辨也。而今世以此相尚，使汩没于此不能自拔。则终日从事者虽曰圣贤之书，而要其志之所向，则有与圣贤背而驰者矣。推而上之，则又惟官资崇卑，禄廪厚薄是计，岂能悉心力于国事民隐，以无负于任使之者哉？从事其间，更历之多，讲习之熟，安得不有所喻？顾恐不在于义耳！诚能深思是身，不可使之

为小人之归。其于利欲之习，怛焉为之痛心疾首，专志乎义而日勉焉，博学审问，慎思明辨而笃行之。由是进于场屋，其文必皆道其平日之学、胸中之蕴，而不诡于圣人。由是而仕，必皆供其职，勤其事，心乎国，心乎民，而不为身计。其得不谓之君子乎？

晦庵《跋》曰：“熹率僚友与俱，至于白鹿书堂，请得一言以警学者。子静既不鄙而惠许之。至其所以发明敷畅，则又恳到明白，而皆有以切中其隐微深痼之病，听者莫不竦然动心焉。于此反身而深察之，则庶乎其可以不迷入德之方矣。”

晦庵又与杨道夫云：“曾见陆子静义利之说否？”曰：“未也。”曰：“这是子静来南康，熹请说书，却说得这义利分明，是说得好。如云‘今人只读书便是利’，如‘取解后又要得官，得官后又要改官。自少至老，自顶至踵，无非为利’，说得来痛快，至有流涕者。”

淳熙十三年，象山在敕局。朱晦庵来书云：“傅子渊去冬相见，气质刚毅，极不易得。但其偏处，亦甚害事。虽尝苦口，恐未以为然。近觉当时说得亦未明，宜其不以为然也。今想到部，必已相见，亦尝痛与砭剂否？道理极精微，然初不在耳目闻见之外，是非黑白，只在面前。此而不察，乃欲别求玄妙于意虑之表，亦已误矣。熹衰病日侵，所幸迩来日用工夫，颇觉省力，无复向来支离之病。甚恨未得从容面论，未知异时尚复有异同否耳！”子渊象山高弟，名萝泉，号若水，建昌南城人。

淳熙十四年，象山四十九岁，登贵溪，应天山讲学。是年始与晦庵辩无极、太极。明年，易应天山名为象山，学徒结庐，相与讲习。《与侄孙濬书》曰：“山间近来结庐者甚众，诸始聚粮相迎。今讲堂前又成一阁，部勒群山，气象亦伟。”云云。

此二年间，象山与晦庵屡辩太极、无极。兹各录其第一书如下：

象山与晦庵辩《太极图说》第一书

黄、易二生归，奉正月十四日书，备承改岁动息。慰浣之剧，不得嗣问，倏又经时。曰深驰仰，闻已赴阙奏事，何日对敭？伏想大摅素蕴，为明主忠言，动悟渊衷，以幸天下，恨未得即闻绪余，沃此倾渴。外间传闻留中讲读，未知幸否？诚得如此，岂胜庆幸！乡人彭世昌，得一山在信之西境，距敝庐两舍而近，实龙虎山之宗。巨陵特起，陬然如象，名曰象山。山间自为原坞，良田清池，无异平野。山涧合为瀑流，垂注数里。两峰有蟠松怪石，却略偃蹇。中为茂林，琼瑶冰雪，倾倒激射飞洒映带于其间。春夏流壮，势如奔雷。木石自为阶梯，可沿以观。佳处与玉渊卧龙未易优劣。往岁彭子结一庐以相延，某亦自为精舍于其侧。春间携一侄二息，读书其上。又得胜处为方丈以居，前挹闽山，奇峰万叠；后带二溪，下赴彭蠡。学子亦稍稍结茅其旁，相从讲习，此理为之日明。舞雩咏归，千载同乐。某昔年两得侍教，康庐之集，加款于鹅湖。然犹卤莽浅陋，未能成章，无以相发，甚自愧也！比日少进，甚思一侍函丈，当有启助，以卒余教，尚此未能！登高临流，每用怅惘。往岁览与梭山家兄书，尝因南丰便人，僭易致区区。蒙复书许以卒读，不胜幸甚！古之圣贤，惟理是视。尧、舜之圣，而询于刍尧；曾子之易箦，盖得于执烛之童子。《蒙》卦九二曰："纳妇，吉。"苟当于理，虽妇人、孺子之言，所不弃也。孟子曰："尽信书不如无书。吾于武成，取二三策而已矣。”或乖理致，虽出古书，不敢尽信也。智者千虑，或有一失；愚者千虑，或有一得。人言岂可忽哉？梭山兄谓《太极图说》与《通书》不类，疑非周子所为，不然，则是其学未成时所作？不然，则或是传他人之文，后人不辨也？盖《通书·理性命》章言：“中焉止矣。二气五行，化生万物。五殊二实，二本则一。”曰“一”，曰“中”，即太极也，未尝于其上加“无极”字。《动静》章言“五行”“阴阳”“太极”，亦无“无极”之文。假令《太极图说》是其所传，或其少时所作，则作《通书》时不言无极，盖已知其说之非矣。此言殆未可忽也。兄谓梭山急迫看人文字，未能尽彼之情，而欲遽申己意，是以轻于立论，徒为多说，而未必果当于理。《大学》曰：“无诸己而后非诸人。”人无古今、智愚、贤不肖，皆言也，皆文字也。观兄与梭山之书，已不能酬斯言矣！尚何以责梭山哉？尊兄向与梭山书云：“不言无极，则太极同于一物，而不足为万化根本；不言太极，则无极沦于空寂，而不能为万化根本。”夫“太极”者，实有是理，圣人从而发明之耳。非以空言立论，使后人簸弄于颊舌、纸笔之间也。其为万化根本，固自素定。其足不足、能不能，岂以人言不言之故耶？《易·大传》曰：“《易》有太极。”圣人言有，今乃言无，何也？作《大传》时不言无极，太极何尝同于一物，而不足为万化根本耶？《洪范》之五，皇极，列在九畴之中，不言无极，太极亦何尝同于一物，而不足为万化根本耶？太极固自若也。尊兄只管言来言去，转加糊涂。此真所谓轻于立论，徒为多说，而未必果当于理也。兄号句句而论，字字而议，有年矣！宜益工益密，立言精确，足以悟疑辨惑，乃反疏脱如此，宜有以自反矣！后书又谓“无极即是无形，太极即是有理”。周先生恐学者错认太极别为一物，故著“无极”二字以明之。《易》之《大传》曰：“形而上者谓之道。”又曰：“一阴一阳之谓道。”而“一阴一阳”，已是形而上者，况太极乎？晓文义者，举知之矣。自有《大传》至今几年，未闻有错认太极别为一物者。设有愚谬至此，奚啻不能以三隅反？何足上烦老先生特地于“太极”上加“无极”二字以晓之乎？且“极”字亦不可以形字释之。盖极者中也，言无极则是犹言无中也，是奚可哉？若惧学者泥于形器而申释之，则宜如《诗》言“上天之载”，而于下赞之曰“无声无臭”可也，岂宜以“无极”字加于“太极”之上？朱子发谓濂溪得《太极图》于穆伯长，伯长之传，出于陈希夷，其必有考。希夷之学，老氏之学也。“无极”二字，出于《老子》“知其雄”章，吾圣人之书所无有也。《老子》首章言：“无名天地之始，有名万物之母。”而卒同之。此老氏宗旨也，“无极”而“太极”，即是此旨。老氏学之不正，见理不明，所蔽在此。兄于此学，用力之深，为日之久，曾此之不能辨，何也？《通书》“中焉止矣”之言，与此昭然不类，而兄曾不之察，何也？《太极图说》以“无极”二字冠首，而《通书》终篇未尝一及“无极”字。二程言论文字至多，亦未尝一及“无极”字。假令其初实有是图，观其后来未尝一及“无极”字，可见其道之进，而不自以为是也。兄今考订注释，表显尊信，如此其至，恐未得为善祖述者也。潘清逸诗文可见矣，彼岂能知濂溪者？明道、伊川，亲师承濂溪，当时名贤居潘右者，亦复不少。濂溪之说，卒属于潘，可见其子孙之不能世其学也。兄何据之笃乎？梭山兄之言，恐未宜忽也。孟子与墨者夷之辩，则据其“爱无差等”之言；与告子辩，则据其“义外”，与“人性无分于善不善”之言，未尝泛为料度之说，兄之辩论则异于是。如某今者所论，则皆据尊兄书中要语，不敢增损。或稍用尊兄泛辞以相绳纠者，亦差有证据。抑所谓夫民今而后得反之也。兄书令梭山宽心游意，反复二家之言，必使于其所说，如出于吾之所为者，而无纤芥之疑，然后可以发言立论，而断其可否，则其为辨也不烦，而理之所在，无不得矣。彼方深疑其说之非，则又安能使之如出于其所为者，而无纤芥之疑哉？若其如出于吾之所为者而无纤芥之疑，则无不可矣。尚何论之可立，否之可断哉？兄之此言，无乃亦少伤于急迫而未精耶！兄又谓一以急迫之意求之，则于察理已不能精，而于彼之情又不详尽，则徒为纷纷。虽欲不差，不可得矣。殆夫子自道也，向在南康论兄所解告子“不得于言，勿求于心”一章，非是。兄令某平心观之，某尝答曰：“甲与乙辨，方各是其说。甲则曰愿乙平心也，乙亦曰愿某甲平心也。平心之说，恐难明白，不若据事论理可也。”今此“急迫”之说，宽心游意之说，正相类耳。论事理不必以此等压之，然后可明也。梭山气禀宽缓，观书未尝草草，必优游讽咏，耐久紬绎。今以急迫指之，虽他人亦未喻也。夫辨是非，别邪正，决疑似，固贵于峻洁明白。若乃料度罗织文致之辞，愿兄无易之也。梭山兄所以不复易辨者，盖以兄执己之意甚固，而视人之言甚忽，求胜不求益也。某则不以为然。尊兄平日惓惓于朋友，求箴规切磨之益，盖亦甚至，独群雌孤雄，人非惟不敢以忠言进于左右，亦未有能为忠言者。言论之横出，其势然耳。向来相聚，每以不能副兄所期为愧。比者自谓少进，方将图合并而承教。今兄为时所用，进退殊路，合并未可期也。又蒙许其吐露，辄寓此少见区区。尊意不以为然，幸不惮下教正远。惟为国保爱，以需柄用，以泽天下。

朱晦庵答书

前书诲谕之悉，敢不承教！所谓古之圣贤，惟理是视。言当于理，虽妇人、孺子，有所不弃；或乖理致，虽出古书，不敢尽信。此论甚当，非世儒浅见所及也。但熹窃谓言不难择，而理未易明。若于理实有所见，则于人言之是非，不翅白黑之易辨，固不待訊其人之贤否而为去取；不幸而吾之所谓理者，或但出于一己之私见，则恐其所取舍，未足以为群言之折衷也。况理既未明，则于人之言，恐亦未免有未尽其意者，又安可以遽绌古书为不足信，而直任胸臆之所裁乎？来书反覆于“无极”“太极”之辨详矣，然以熹观之，伏羲作《易》自一画以下，文王演《易》自乾元以下，未尝言太极也，而孔子言之；孔子赞《易》自太极以下，未尝言无极也，而周子言之。夫先圣后圣，岂不同条而共贯哉？若于此有以灼然实见太极之真体，则知不言者不为少，而言之者不为多矣，何至若此之纷纷哉？今既不然，则吾之所谓理者，恐其未足以为群言之折衷。又况于人之言有所不尽者，又非一二而已乎？既蒙不鄙而教之，熹亦不敢不尽其愚也。且夫《大传》之太极者何也？即两仪、四象、八卦之理，具于三者之先，而蕴于三者之内者也。圣人之意，正以其究竟至极，无名可名，故特谓之“太极”，犹曰“举天下之至极，无以加此”云尔。初不以其中而命之也。至如北极之“极”，屋极之“极”，皇极之“极”，民极之“极”，诸儒虽有解为中者，盖以此物之极，当在此物之中，非指“极”字而训之以中也。极者至极而已，以有形者言之，则其四方八面合辏将来，到此筑底，更无去处。从此推出，四方八面，都无向背，一切停匀，故谓之“极”耳。后人以其居中而能应四外，故指其处而以中言之，非以其义为可训中也。至于“太极”，则又初无形象方所之可言，但以此理至极而谓之极耳。今乃以中名之，则是所谓理有未明，而不能尽乎人言之意者一也。《通书·理性命》章，其首二句言“理”，次三句言“性”，次八句言“命”。故其章内无此三字，而特以三字名其章以表。则章内之言，因已各有所属矣。盖其所谓“灵”，所谓“一”者，乃为“太极”。而所谓“中”者，乃气禀之得中，与刚善、刚恶、柔善、柔恶者为五性，而属乎五行。初未尝以是为“太极”也，且曰“中焉止矣”，而又下属于“二气、五行，化生万物”之云，是亦复成何等文字义理乎？今来谕乃指其中者为太极而属之下文，则又理有未明，而不能尽乎人言之意者二也。若论“无极”二字，乃是周子灼见道体，迥出常情。不顾旁人是非，不计自己得失，勇往直前，说出人不敢说的道理。令后之学者，晓然见得“太极”之妙，不属有无，不落方体。若于此看得破，方见得此老真得千圣以来不传之秘，非但架屋下之屋，叠床上之床而已。今必以为未然，是又理有未明，而不能尽人言之意者三也。至于《大传》既曰“形而上者，谓之道矣”，而又曰“一阴一阳之谓道”，此岂真以阴阳为形而上者哉？正所以见一阴一阳，虽属形器，然其所以一阴而一阳者，是乃道体之所为也。故语道体之至极，则谓之“太极”；语太极之流行，则谓之“道”。虽有二名，初无两体。周子所以谓之无极，正以其无方所、无形状。以为在无物之前，而未尝不立于有物之后；以为在阴阳之外，而未尝不行乎阴阳之中；以为通贯全体无乎不在，则又初无声臭影响之可言也。今乃深诋无极之不然，则是直以太极为形状有方所矣。直以阴阳为形而上者，则又昧于道器之分矣。

又于形而上之下，复有“况太极乎”之语，则是又以道上别有一物，为“太极”矣。此又理有未明，而不能尽乎人言之意者四也。至熹前书所谓“不言无极，则太极同于一物，而不足为万化根本；不言太极，则无极沦于空寂，而不能为万化根本”，乃是推本周子之意。以为当时若不如此，两下说破，则读者错认语意，必有偏见之病，闻人说有，即谓之实有，见人说无，即谓之真无耳。自谓如此说得周子之意，已是大致分明，只恐知道者厌其漏泄之过甚。不谓如老兄者，乃犹以为未稳而难晓也。请以熹书上下文详之，岂谓太极可以人言而为加损者哉？是又理有未明，而不能尽乎人言之意者五也。来书又谓《大传》，明言《易》有太极，今乃言无，何耶？此尤非所望于高明者。今夏因与人言《易》，其人之论正如此。当时对之不觉失笑，遂至被劾。彼俗儒胶固，随语生解，不足深怪。老兄平日自视为如何，而亦为此言耶？老兄且谓《大传》之谓有，果如两仪、四象、八卦之有定位，天地五行万物之有常形耶？周子之所谓无，是果虚空断灭，都无生物之理耶？此又理有未明，而不能尽乎人之意者六也。老子复归于无极，无极乃无穷之义。如庄生“入无穷之门，以游无极之野”云尔，非若周子所言之意也，今乃引之，而谓周子之言，实出乎彼。此又理有未明，而不能尽乎人言之意者七也。高明之学，超出方外，固未易以世间言语论量，意见测度。今且以愚见执方论之，则其未合有如前所陈者。亦欲奉报，又恐徒为纷纷，重使世俗观矣。既而思之，若遂不言，则恐学者终无所取正。较是二者，宁可见笑于今人，不可得罪于后世。是以终不获已而竟陈之，不识老兄以为何如？

象山得此书后，复有答书，为辨益详。晦庵亦有答书，末曰：“我日斯迈，而月斯征。各尊所闻，各行所知可矣，无复可望其必同也。”象山又答书以为：“不谓尊兄遽作此语，甚非所望。君子之过也，如日月之食焉。过也，人皆见之；及其更也，人皆仰之。通人之过，虽微箴药，久当自悟。谅尊兄今必涣然于此矣。愿依末光，以率余教。”晦庵答书曰：“春首之书，词气粗率。既发即知悔之，然已不及矣。”《宋元学案》并录晦庵答梭山二书为七书，顾諟案曰：“以上共七书，所以辨‘无极’者，可谓纤悉详尽矣。然究其大旨，象山第一书云:‘周子若惧学者泥于形器而申释之，则宜如《诗》言上天之载，于下赞之曰无声无臭可也。’紫阳答象山第一书云:‘孔子赞《易》，自太极以下，未尝言无极也。周子言之，若于此实见太极之真体，则知不言者不为少，而言之者不为多矣。’二先生之反复辨析不已者，不出此两端。然此皆二先生早岁之事。(王梓材案:太极之辨在淳熙十五年。时朱年五十九，陆年五十，不可云“早岁事”。)考紫阳他日注《太极图说》，首曰:‘上天之载，无声无臭，而实造化之枢纽，品汇之根柢。’曰‘无极而太极’，实即象山之语意，其书现在可考也。可见二先生虽有异，而晚则何尝不相合与?”

光宗即位，诏象山知荆门军。绍兴二年，辛亥九月，至荆门。明年，壬子十二月十四日，卒于荆门，年五十四。嘉定十年，赐谥文安。先是象山之至荆门，故事，太守下车必先揭约束，延宾受牒，皆有日期。吏以白，象山曰:“安用是?宾至即见，持牒即入，无早暮。”于是下情尽达，两造有不持状对辩求决者，郡已大治。郡于上元设醮，为民祈福。象山乃会吏民，讲《洪范》“敛福锡民”一章以代之。发明人心之善，所以自求多福者，听者莫不晓然，有至泣下。所著有《象山集》三十二卷，附《语录》四卷。

朱、陆论学虽有同异，而相推甚至。方朱、陆辨无极时，当时有以竞辨为非是者。晦庵《答诸葛诚之书》曰：“示谕竞辨之论，三复怅然。愚深欲劝同志者兼取两家之长，不轻相诋毁。就有未合，亦且置勿论，而力勉于吾之所急。吾人所学，吃紧着力处，正天理人欲相去之间。如今之论，则彼之因而起者，于二者之间，果何取乎？子静平日自任，正欲身率学者于天理，不以一毫人欲杂于其间。恐决不至如贤者之所疑也。”包显道侍晦庵，有学者因无极之辨，贻书诋象山者。晦庵复其书曰：“南渡以来，‘人’字着脚，理会着实工夫者，惟某与陆子静二人而已。某实敬其为人，老兄未可轻议之也。”

《象山语录》记象山：“一夕步月，喟然而叹。”包敏道侍，问曰：“先生何叹？”曰：“朱元晦泰山乔岳，可惜学不见道，枉费精神，遂自担阁，奈何？”包曰：“莫若各自著书，以待天下后世之自择。”忽正色厉声曰：“敏道！敏道！恁地没长进，乃作这般见解！”且道：“天地间有个朱元晦、陆子静，便添得些子？无了后，便减得些子？”

《语录》又曰：“一学者自晦翁处来，其拜跪言语颇怪。每日出斋，此学者必有陈论，应之亦无他语。至四日，此学者所言已罄，力请诲语。答曰：‘吾亦未暇详论。然此间大纲有一个规模，说与人。今世人浅之为声色臭味，进之为富贵利达，又进之为文章技艺。又有一般人，都不理会，却谈学问。吾总以一言断之，曰胜心。此学者默然。后数日，其举动言语，颇复常。”

吕东莱《与朱侍讲书》曰：“陆子静近日闻其稍回。大抵人若不自欺，入细着实检点。窒碍做不行处，自应见得。渠兄弟在今士子中不易得，若整顿得周正，非细事也。”又曰：“陆子静留得几日鹅湖，意思已全转否？若只就一节一目上受人琢磨，其益终不大也。大抵子静病在看人而不看理，只如吾丈所学，十分是当，无可议者，只是工夫未到耳，岂可见人工夫未到，并其理而疑之？”

叶水心志胡崇礼曰：“朱元晦、吕伯恭，以道学教士。陆子静晚出，号称径要简捷。或立语已，感动悟人。为其学者，澄坐内观。”

王阳明《象山全集序》曰：“至宋，周、程二子，始复追寻孔、孟之宗，而有‘无极而太极，定之以仁义，中正而主静’之说。动亦定，静亦定，无内外，无将迎之论，庶几精一之旨矣。自是而后，有象山陆氏，虽其纯粹和平，若不逮于二子，而简易直截，真有以接孟氏之传。其议论开阖，时有异者，乃其气质意见之殊，而要其学之必求诸心，则一而已。故吾尝断以陆氏之学，孟氏之学也。而世之议者，以其尝与晦翁之有同异，而遂诋以为禅。夫禅之说，弃人伦，遗物理，而要其归极，不可以为天下国家。苟陆氏之学而果若是也，乃所以为禅也。今禅之说，与陆氏之说、孟氏之说，其书具存，学者苟取而观之，其是非同异，当有不待于辨说者。而顾一倡群和，剿说雷同，如矮人之观场，莫知悲笑之所自。岂非贵耳贱目，不得于言而勿求诸心者之过与？”

《宋元学案》于《象山学案》后附书门人之著者如下：

文元杨慈湖先生简（别为《慈湖学案》）

正献袁絜斋先生燮（别为《素斋学案》）

文靖舒广平先生璘（别为《广平定川学案》）

乡贡舒先生琬

舒先生琪（并见《广平定川学案》）

通判傅曾潭先生梦泉

主簿傅琴山先生子云

推官邵直斋先生约礼

黄先生叔丰（并为《槐堂诸儒学案》）

严先生松（别见《授山复斋学案》）

胡先生大时

蒋先生元夫（并见《岳麓诸儒学案》）

知州李先生耆寿

曹无妄先生建

万先生人杰

刘先生孟容

刘先生定夫

曾先生祖道

符先生叙（并见《沧州诸儒学案》）

征君沈先生炳（别见《广平定川学案》）

案：象山弟子綦繁，在《宋元学案》中，自如上注明别见诸学案外，并入《槐堂诸儒学案》。然传陆氏之学，当时最著者，推甬上四先生，槐堂诸儒次之。四先生杨简、舒璘、袁燮、沈焕是也。焕独为复斋门人，故上表未列。黄梨洲曰："杨简、舒璘、袁燮、沈焕，所谓明州'四先生'也。慈湖每提之'精神谓之圣'一语，而絜斋之告君亦曰：'古之大有为之君，所以根源治道者，一言以蔽之，此心之精神而已。'可以观四先生学术之同矣。"文信国云："广平之学，春风和平；定川之学，秋霜肃凝；瞻彼慈湖，云闲月澄；瞻彼絜斋，玉泽冰莹。一时师友，聚于东浙，呜呼盛哉！"

《宋元学案序录》曰:“象山之门，必以甬上四先生为首。”盖本乾淳诸老一辈也，而坏其教者实慈湖。然慈湖之言不可尽从，而行则可师。黄勉斋曰:“《杨敬仲集》，皆德人之言也，而未闻道，因采其最粹且平易者，以志去短集长之意，则固有质之圣人而不谬者。”述《慈湖学案》又曰:“慈湖之与絜斋，不可连类而语。慈湖泛滥夹杂，而絜斋之言有绳矩，东发先我言之矣。”述《絜斋学案》又曰:“杨、袁之年辈，后于舒、沈，而其传反盛，岂以舒、沈之名位下之与？嘻，是亦有之。然舒、沈之平实，又过于杨、袁也。四先生中，沈先生师复斋，《宋史》混而列之。”述《广平定川学案》又曰:“槐堂之学，莫盛于吾甬上，而西江反不逮。如曾潭，如琴山以及黄邵之徒，今其绪言渺矣。甬上之西，尚有严陵，亦一大支也。”述《槐堂诸儒学案》曰:“要之象山之门，惟慈湖、絜斋书，尤为学者所传矣。”

附录二　王门诸子略述

黄宗羲《明儒学案》，于王门诸子，由地域分系之。曰浙中，曰江右，曰南中，曰楚中，曰北方，曰粤闽，曰泰州，盖列为七派。今不能详述，惟撮其厓略于下。

姚江之学，由近及远，其初从学，不过郡邑之士。龙场论后，四方弟子渐进。而浙中从学者，钱绪山、王龙溪最著。余如范栗斋、管石屏、范半野、夏复吾、柴凤、孙蒙泉、闻人北江、黄骥、黄文焕、黄鹤溪、黄丁山、黄后川等，亦皆笃力行，确守师说。又有徐横山、蔡我斋、朱白浦、季彭山、黄久庵、董萝石、董谷、陆原静、顾箬溪、董致斋、张淳峰、程松溪、徐鲁源、万鹿园、王敬所、张阳相、胡今山，都三十一人。

王学，惟江右得其传，邹东廓、罗念庵、刘两峰、聂双江其选也。再传为王塘南、万思默，皆能推阳明未尽之意。是时，越中流弊错出，挟师说以杜学者之口，而江右独能破之。阳明之道，赖以不坠。此外，如东廓之子善、孙德涵、德溥、德泳、欧阳南野、刘师泉、刘三五、刘邱山、王柳川、刘梅源、刘晴川、黄洛村、何善山、陈明水、魏水洲、魏师伊、魏药湖、邓定宇、陈蒙山、刘泸潇、胡庐山、邹南皋、罗匡湖、宋望之、邓潜谷、章本清、冯慕冈，合三十三人。

南中名王学者，阳明在时，有王心斋、黄五岳、朱得之、戚南元、周道通、冯南江，其最著者也。阳明殁后，钱绪山、王龙溪，所在讲学。于是泾县有水西会，宁国有同善会，江阴有君山会，贵池有光岳会，太平有九龙会，广德有复初会，江北有南谯精舍，新安有程氏世庙会，泰州有复心斋讲堂。又邹东廓、欧阳南野、何善山，先后官留都，兴起者甚众。如周讷溪、薛方山、薛异斋、查毅斋、杨幼殷，以及贡受轩、沈古林、梅宛溪、萧会渠、萧拙斋、戚竹坡、张本静、章孟泉、程心泉、程子木、郑景明、姚凤麓、殷秋溟、姜廷善，皆南中之英也。

楚中王学之盛，惟耿天台一派，由泰州王心斋流入。阳明在时，信者未众。及蒋道林、冀暗斋、刘观时，由武陵出，而武清之及门者，冠于全楚，道林实得阳明之传云。北方为王学者独少，著者穆元庵、王纯甫、张宏山、孟我强、尤西川、孟云浦、杨晋庵、南瑞泉数人而已。

粤闽之士，学于阳明者，自方西樵。阳明开府赣州，来学者益众。即潮州一隅，有薛氏兄弟子侄，杨氏昆季。其余聪明特达，毅然以道自任者，往往有之。盖薛尚贤、薛中离、杨仕德、杨仕鸣、梁日字、郑朝翔、马子莘、周谦斋等，尤显名矣。

泰州王学，由心斋而行。阳明之传，得心斋、龙溪始广。然使天下诟阳明流于禅者，亦自心斋、龙溪矣。心斋以下，益驰于虚妙。至颜山农、何心隐、邵豁渠、管志道诸人，遂不复为名教所羁。徐波石、王一庵、林东城、赵大洲、罗近溪、杨复所、耿天台、耿楚绽、焦淡园、潘雪松、方本庵、何克斋、祝舞功、周海门、陶石篑、刘仲倩，皆承泰州之学者也。

以上略记王学之七大派。至于明末，王学之弊极矣。能崛起以报救此弊者，实惟刘念台、黄石斋。清初为王学者，多出念台之门焉。

清初受业蕺山门人，亦有治程朱学者，亦有治王学而不出于蕺山之门。故清代讲学，承阳明之绪者，有黄梨洲、李二曲、孙夏峰、刘伯绳、汤潜庵、万元宗、万石园、沈水如、史孝感、管宗圣、韩仁父、邵子唯、邵鹤间、邵念鲁、王金如等。今于明以来王学诸子之尤著者，略为叙次如后。

徐横山：徐爱，字曰仁，号横山，余姚人，阳明妹婿也。阳出诏狱时，横山奋然立志，执贽从学，为王门最初之高弟。阳明始讲学，从游者不过乡里之士，而曰仁与蔡希渊、朱守中为最先。阳明尝曰："徐曰仁之温恭，蔡希渊之深潜，朱守中之明敏，皆予所不逮也。"曰仁卒于正德十三年，年三十有一。《传习录》上卷前十四条，皆曰仁所问。

蔡我斋：蔡宗兖，字希渊，号我斋，山阴人，官至四川督学佥事。林见素谓："我斋中有余养，只见外者之轻，故能壁立千仞。"

朱白浦：朱节，字守中，号白浦，山阴人。平生尝言于"爱众""亲仁"二语得力，然"亲仁"必由"爱众"得来。

王心斋：王艮，字汝止，号心斋，扬州人。三十八岁时，始为阳明弟子。先是，心斋至阳明之门，相与反覆辩论，曲尽端委，心大折服，乃执弟子礼。阳明语门人曰："吾曩擒宸濠，一无所动。今乃为斯人所动，是真学圣人者。"然心斋言动奇娇，时或以为狂，阳明深戒之。所著有《心斋全集》。心斋之"格物"说，以格如格式之格，即挈矩之谓也。吾心一矩也。天下国家，如一方形。矩正则方形亦正，故心正则天下国家亦正也，方形正则格成，故曰“物格”。

王龙溪：王畿，字汝中，号龙溪，山阴人。弱冠，受业阳明。资性明朗，辩舌爽快。专心流布王学，讲学吴楚、闽越、江浙之间，皆有讲舍。年八十六始卒。有《龙溪全集》。龙溪之学，得于天泉证道问答之际，其所主“四无”说，前已略述之。或曰：“阳明之有龙溪，犹象山之有慈湖也。”

钱绪山：钱德洪，字洪甫，号绪山，余姚人。阳明平宸濠乱归越，绪山与范引年、管州、郑寅、柴凤、徐珊、吴仁等数十人同受业。当时四方来学者甚众，先由绪山、龙溪，疏通大旨，后乃从阳明卒业。其后讲学江浙、楚粤之交，与龙溪迭主讲席。万历二年，年七十九始卒。绪山与龙溪，亲炙阳明最久，而所得不同。龙溪从心体悟入，绪山就事上磨炼。故龙溪流于禅，而绪山不失儒者之矩矱也。

欧阳南野：欧阳德，字崇一，号南野，江西泰和人。少时从学阳明，与邹守益、聂豹、罗洪先，共相切磨。其后与豹及徐阶、程文德等，并致显位。嘉靖中，诏四方学子集灵济宫，讲良知学，南野与徐、程、聂三人，实为主盟云。

邹东廓：邹守益，字谦之，号东廓，江西安福人。幼时，罗整庵见而奇之。正德六年，授翰林院编修。逾年丁父忧告归，谒阳明于赣州，求为父墓表，殊无意从学。阳明顾与日夕讲论，东廓忽悟曰：“往吾疑程、朱补《大学》，先‘格物穷理’，与《中庸》‘慎独’不相蒙。今始知‘格物’即‘慎独’也。”遂称弟子。阳明卒后，日与吕泾野、湛甘泉、钱绪山、王龙溪、薛中离等，讲良知学。仕至南京国子祭酒。

薛中离：薛侃，字尚谦，号中离，广东揭阳人。从阳明学于赣四年。阳明卒后，远游江浙，与罗念庵会于青原书院。已而入罗浮山，讲学永福寺。所著有《研几录》。或人疑阳明学类禅者有三：一废书；二背朱子；三涉虚。中离一一辨之。其发挥王学，虽不及龙溪、心斋，而笃信实践则无所让云。

何善山：何廷仁，字性之，号善山，江西雩县人。谒阳于南康。时师旅务繁，尝助讲席。与薛中离、魏药湖诸子，接引来学。不厌缕覙，学者益亲。阳明殁后，与同志讲学。时人语曰：“浙有钱、王，江有何、黄。”指绪山、龙溪、善山及黄洛村也。洛村名宏纲，善山同县人。善山论学，务为平实。每曰：“吾人须在起端发念处察识，于此有得，思过半矣。”

聂双江：聂豹，字文蔚，号双江，永丰人。阳明在越，双江以御史按闽。过武林，欲渡江见之，人言力阻，双江不听。及见，大悦曰："君子之所为，众人固不识也，犹疑接人太滥。"阳明曰："吾讲学非蕲人之信己，行吾不得已之心而已。若畏人之不信，必择人而与之，是自丧其心也。"双江为之惕然。阳明征思、田，双江问"勿助勿忘"之工夫。阳明答书曰："此间只说'必有事焉'，不说'勿助勿忘'。专言'勿助勿忘'，是爨空铛也。"阳明既殁，双江时官苏州。曰："昔未称门生，冀得再见，今不可得。"于是设位北面再拜，始称门生。以钱绪山为证，刻石以识之。双江后立静坐之法，罗念庵深契之，以为是真霹雳手段。

季彭山：季本，字明德，号彭山，山阴人。夙厌学者之空疏，惟以讲说为事。故入王门后，刻苦磨砺，究心经训。尝周游天下，观山川形势，为学期于有用。晚年罢官，寓居僧寺二十余年，未尝一日废书。阳明殁后，王门诸子，多失于流荡。彭山独唱"主宰气化"之说，稍不与同辈相容。然守其说不变，著述甚富。

蒋道林：蒋信，字卿实，号道林，楚之常德人。初与武陵冀暗斋友善，尝谓："《大学》'知止'，当是知仁体。"暗斋跃然曰："如此则定静安虑，是存之以诚敬。"阳明在龙场见道林诗，称之。道林遂与暗斋师事阳明，已而应贡入都，又师事湛甘泉。楚中治王学，自暗斋与道林矣。

魏药湖：魏良器，字师颜，号药湖。尝从学阳明于洪都，又随至越。时王龙溪为诸生，落魄不羁，方巾中衣，居与阳明为邻。见往来讲学者，每窃骂之。药湖多方诱致，卒使见阳明称弟子。钱绪山临事多滞，药湖每戒之曰："心何不洒脱？"龙溪工夫懒散，则戒之曰："心何不严栗？"其不姑息如此。阳明有内丧，药湖、龙溪司库，不厌繁缛。阳明曰："二子可谓'执事敬'。"归主白鹿洞，生徒数百人，年四十二卒。药湖兄良弼，字师说。良政，字师伊，并事阳明，以学行著。

张浮峰：张元冲，字叔谦，号浮峰，山阴人。阳明尝曰："吾门不乏辨慧之士。至真切纯笃，无如叔谦者。"浮峰每告学者曰："孔子之道，一以贯之。孟子曰：'万物皆备于我。''良知'之说，如是而已。"又曰："学者当先立志。不学为圣人，非志也。"其揭于坐右曰："惟有主，则天地万物，自我而立，必无私。斯上下四旁咸得其平。"

刘师泉：刘邦采，字君亮，号师泉，安福人。少与同县刘宜充共学（宜充，名文敏，号两峰。），后俱入越师事阳明。阳明殁后，学者承袭口吻，浸失其真。以揣摩为妙悟，以纵恣为乐地，以情爱为仁，以因循为自然。师泉怒然忧之，谓："人之生，有性有命。性妙于无为，而命杂于有质。

故必兼修而后可以为学。”又分“立体”与“致用”之功，言“二者不可相离”云。

胡今山：胡瀚，字川甫，号今山，余姚人。年十八从阳明游，论“致良知”之学。反覆终日，则跃然起曰：“先生之教，劈破愚蒙。”阳明因授以《传习录》。自是益究意心学，危言笃行，绳检甚密。阳明殁后，诸弟子互讲良知之学。其最盛者，山阴王汝中、泰州王汝止、安福刘君亮、永丰聂文蔚四家，骎骎各立门户。于是海内议者群起。今山曰：“汝中天泉证道，其说不无附会。汝止以自然为宗，君亮分别支离，文蔚偏向求寂，无立脚处。”于是今山之学，乃以求心为主。作《心箴图》，其目有五：曰心图，指本体；曰存；曰死；曰出入；曰放心。各有箴，而用功以存心为主。尝官崇明教谕，后归家，居三十年，筑室今山。

罗念庵：罗洪先，字达夫，号念庵，吉水人。嘉靖八年进士，四十三年卒，年六十一，谥“文恭”。念庵之学，始致力践履，中年归摄于寂静，晚悟彻仁体。幼时闻谓阳明学者，心即慕之。《传习录》出，读之至忘寝食。及聂双江以归寂之说，号于同志，念庵独心契之。尝辟石莲洞以居，默坐半榻，足不出户者三年。王龙溪恐其专守枯静，不达当机顺应之妙，访之于松原。问曰：“近日行持，比前何似？”念庵曰："往年尚多断续，近来无有杂念。杂念渐少，即感应处便自顺适。"龙溪嗟叹而退。念庵初有疑于阳明之学，及至工夫纯熟，乃洞然无间。初订阳明《年谱》，尚称后学。后改称门人，以绪山、龙溪为证。

以上皆阳明门人之尤著者。至于再传或数传弟子，亦略述于下。

祝无功：祝世禄，字延之，号无功，鄱阳人。当绪山、龙溪讲学江右，无功与其徒祝以直、祝介卿，为文麓之会，及耿天台倡道东南，海内云附景从。其间最名者，即新安潘去华、芜阴王德孺与无功也。无功谓："吾人自有性以来，习染缠绊，毛发骨髓，无不受病。纵攻朋友之过，亦难枚举。惟是彼此互相虚下，开一条受善之道而已。此真洗涤肠胃之良剂也。"故修身不离讲席。天台以不容已为宗，无功由此得力。"身在心中"一语，实先儒所未发也。有《祝子小言》等。

颜山农：颜钧，字山农，吉安人。尝师事刘师泉，无所得。乃从徐波石传《心斋》之学。其学以为，人心如万物而不测，性如明珠，原无尘染。有时及于放逸，然后戒慎恐惧以修之。尝曰："吾门人与罗汝芳言性，与陈一泉言心，与余子但言情而已。"阳明之学，至山农而流入佛、老云。

梁心隐：梁汝元，字夫山，后改姓名为何心隐，吉州永丰人。从颜山农学，与闻心斋立本之旨。入京师与罗近溪、耿天台游，尝谓：“有是理，则实有是事。无声无臭，事藏于理；有形有象，理显于事。”亦承王学而失之高荡云。

徐波石：徐樾，字子直，号波石，贵溪人。初事阳明，继从心斋卒业。尝谓：“六合者，心之郛廓；四海者，心之边际；万物者，心之形色。往古来今，惟此心而已。”

李见罗：李材，字孟诚，号见罗，丰城人。初学于东廓，信“致良知”之说。已而稍变其宗，别立“止修”二字，以为孔、孟之真传。

赵大洲：赵贞吉，字孟静，号大洲，内江人。其学得之于徐波石。大洲好禅，自谓：“禅不足为人害，仆亲身证之。”著有内篇曰《经世通》，外篇曰《出世通》。同邑有何祥，号克斋，亦传王学。

王塘南：王时槐，字子植，号塘南，吉州安福人，师事刘两峰。其学主悟空寂，以收敛方能入微透性。高忠宪曰：“塘南八十年磨勘至此，洞彻心境。”

罗近溪：罗汝芳，字惟德，号近溪，江西南城人。少时诵薛文清语，谓：“万念起灭之私，乱吾心已久。今当一切决去，以全吾心之本体。”时颜山农方讲学，近溪见之，述已心不为生死得失之故所动，山农曰："是制欲而已，非体仁也。"近溪曰："克去己私而复天理，非制欲安能体仁？"山农曰："子不观孟子之论四端耶？知皆扩而充之，如火之始燃，泉之始达。如此体仁，何等直截？故子当下患不知日用，勿妄疑天性生生之或息也。"近溪大悟，纳拜称弟子。然以后近溪以不思不虑为学的，益近于禅矣。

周海门：周汝登，字继元，号海门，嵊县人。本学于王龙溪，后见罗近溪，益有所悟。终身供近溪像，时祭事之。阳明"无善无恶"之言，后人多议之，海门为著《证学录》《四言教九解》以明之。

许敬庵：许孚远，字孟仲，号敬庵，德清人。其学以克己为要，深信良知。而恶夫援良知以入佛者，尝戒罗近溪曰："公为后生标准，而与二三轻浮之徒，恣为荒唐无忌惮之说，以惑乱人听。使守正好修之士，摇首闭目，拒而不信。不可不思其故也。"周海门以无善无恶为宗，敬庵设九谛以难之。敬庵之学，出于唐一庵。一庵虽慕王学，而受业湛甘泉。故敬庵之学，不至流荡入禅。

唐荆川：唐顺之，字应德，号荆川，武进人。受学于王龙溪。以此心天机活物，自寂自感，不容人力，吾惟顺此天机而已。

耿天台：耿定向，字在伦，号天台，楚之黄安人。天台之学，始不尚立远，以中行为主。时李卓吾鼓吹狂禅，学者靡然从风，天台苦口匡救。然自于禅学，又疑信参半，故终无以折服卓吾。论者多以天台之认良知为未纯也。

焦澹园：焦竑，字弱侯，号澹园，南京旗手卫人。师事耿天台、罗近溪，又笃信李卓吾之学。

邹南皋：邹元标，字尔瞻，号南皋，吉水人。南皋虽不讳禅，然其言行，尚不失儒者之规矩。尝曰："五伦是真性命，词气是真涵养，家庭是真政事，寝室是真明堂。"

刘念台：刘宗周，字起东，号念台，山阴人。尝就许孚远问为学之要，告以"存天理、遏人欲"，遂谨而识之不敢忘。明末主讲蕺山书院，从游者甚众，学以慎独为主。王学末流，多骛于高远。念台本由程、朱学入，所言独为切近。梓《人谱》以教学者。有《刘子全书》四十卷。

黄石斋：黄道周，字幼元，号石斋，又号榕坛，镇海卫人。深辨宋儒所谓气质之上之非。谓："气有清浊，质有敏钝。自是气质，何关于性？性即通天彻地，只此一物也。"明末王学者，当推石斋与刘念台。石斋所著述尤众，且精研象数，为当时所不及。

以上记明代王门诸子。清初承王学绪论者，略述如下：

黄梨洲：黄宗羲，字太冲，号梨洲，又号南雷，余姚人。父尊素，为明忠臣。梨洲受父遗命，从学于刘蕺山。时越中承周海门之绪，多援儒入释。梨洲多引高材，奉蕺山之学，风气一变。明亡以后，为一时耆宿。与弟宗炎、宗会，并有显名，号“浙中三黄”。所著有《宋元学案》《明儒学案》《南雷文定》等。

李二曲：李颙，字中孚，号二曲，陕西盩厔人。博通经、史以至释、老诸家之书。康熙九年，南游入道南书院，发顾宪成、高攀龙诸子遗书，为学者讲之，听众云集。后屏居一室，不复接人。惟顾宁人来，则与款接。二曲刻苦笃行，重近省之功，不尚口耳之学。尝谓门人曰：“授受精微，不在于书，要在自得而已。”清初与梨洲、夏峰，并称“三大儒”。二曲所学，似仍承王学之绪。故附论于此。

孙夏峰：孙奇逢，字启泰，号钟元，又号夏峰，直隶容城人。明末已有重名。与鹿伯顺友善，以圣贤相期，不为口耳、章句之学。尝谓：“识得‘天理’二字，是千圣之真诀。非可以言语文字承当，唯当由勿自欺始。”入清，甚为学者宗仰。汤斌、耿介，皆其高弟。或谓夏峰调和朱、陆，然实近于王学者为多云。

此外，清初为王学者，有刘念台子约，字伯绳。又沈求如、史孝感、管宗圣、韩仁父、邵子唯、王金如，皆闻念台之风而兴起者也。至如万充野及季野，受学梨洲，汤潜庵受学夏峰。潜庵虽多折衷之论，亦有以为出于阳明之余绪者。康熙以后，讲学之风渐息，其渊源莫得而考矣。